高橋信次

原説般若心経

内在された叡知の究明

病気は自分の欲望がみたされない時におこり心に曇りをつくる　その結果神の光をさえぎる

光

高橋信次

高橋信次 著作集「心と人間シリーズ」新装版発刊に寄せて

父高橋信次が旅立ってから、四〇年近くの時が流れ、世相も社会の状況も大きく様変わりしました。

当時、希望に満ちた右肩上がりの高度成長期を歩んでいたわが国は、今、積み残してきた負の遺産によって、経済力は翳《かげ》り、国力の低下という厳しい現実の中にあります。さらには世界史上かつてなかった超高齢化社会の到来をはじめ、様々な難問に直面しています。

しかし、物質的な豊かさを飽くなく追求していた時代の中で、高橋信次が「心の復興」「魂の発見」を訴えたその意義は、現在も少しも変わることなく生き続けていると思わずにはいられません。

なぜなら、グローバリズムの名の下に、あらゆるものごとが経済的な価値尺度によって一元的に計られている現実は、かつて以上に、人々の目を数字や目に見えるものだけに釘づけにして、根深く唯物主義、拝金主義の流れを強めていると思えるからです。

人はみな永遠の生命を抱く魂の存在――。この現象界に生まれ落ちた魂たちは、誰もが環境、教育、思想、習慣という人生の条件を引き受けて、それぞれの道を歩む。そしてその経験を通じて心の歪みを正し、人生の目的と使命に目覚めて、それを果たそうとする。現象界は、魂の修行所である――。

高橋信次が示した、この人間観・人生観は、私たち人間の本質が内なる魂にあり、その経験と成長こそ、人生の意義であることを教えています。

生まれる時代、国と地域、肌の色、民族、性別……。私たち人間に様々なあつれきをもたらしてきたそれらの違いの基に、魂という変わらぬ本質が息づいている。魂という次元こそ、それらの違いを、この世界を生きる人生の条件として、根本的に相対化し得るものではないでしょうか。

いかなる人生の条件を引き受けようと、魂の尊厳は変わることなく輝き、それぞれのかけがえのない人生の目的と使命を果たすことができる。そして、それだけの力を抱いているのが一人ひとりの人間なのです。

一九七六年、私との魂の邂逅《かいこう》を果たしてから、父はますます神理を求める想いを研ぎ澄ましていました。「督促状《とくそくじょう》が来ているんだ。もう還らなければならない」。そう言いながら、それまで以上に一途に歩み続けたのです。

医師からはとても無理だと止められながら、それを押して赴いた東北での最後のセミナー――。

「佳子、ぼくは行ってくるからね」

ほほえみながらそう言って出かけていった父の顔を忘れたことはありません。

神理のこと、魂のことを一人でも多くの人々に伝えることができて、それを生きてもらえるなら、命に代えても少しも惜しくはない――。そんな覚悟のすがたでした。

そしてその晩年の父がいつも語っていたのは、人間の心が本当に変わることの素晴らしさ――。数え切れないほどの奇跡の現象を現した父でしたが、父の心にあったのは、その一つのことでした。

「本当の奇跡っていうのは、人間の心が変わることなんだ。それを忘れちゃいけないよ……」

それは、私にとって、何よりも守らなければならない、父からのバトンであり続けています。


人間は永遠の生命を抱く魂の存在――。

では、私たちが、魂としての人生を生きるためにはどうすればいいのか――。そのための道を同志の皆さんと一緒に築いてきたことは、その約束に応える歩みであったと思っています。

今、GLAをはじめ、私の周囲には、神理を学ぶだけではなく、それを実践して新たな現実を生み出す人々があふれています。

故あって心に傷や歪みを抱えた人々が、生まれ変わったようにそこから自由になって新しい人生を生き始める。試練に呑み込まれ、身動きが取れなくなっていた人々が、「試練は呼びかけ」と受けとめて、新しい次元に踏み出してゆく――。

　このような現実こそ、父が何よりも願っていた現実であり、思い描いていた未来であったと私は確信しています。

　高橋信次が開いた「魂の道」は、今も現在進行形で続いているのです。

　この新装版となった「心と人間シリーズ」を手に取られた読者の皆様が、その「魂の道」を継ぐお一人となることを、父はどれほど待ち望んでいるでしょう。それぞれの人生において、それぞれの生きる場所で、ぜひ、その一歩を踏み出してくださることを願ってやみません。

二〇一三年　六月

高橋佳子

はしがき

般若心経というお経の内容を、今の字句から理解するのは、現代人には、なかなかむずかしいことです。

なぜそうなってしまったか、それには、いろいろな理由があります。

一つには、神社、仏閣、仏壇の前で、神主や行者や僧侶や、一般の人々までが、言葉そのものを読誦《どくじゅ》しているからです。

またある人は、写経といって、毛筆で、写すことだけに心を奪われたから、といえます。

私は、そうしたことから、永い間、お経というものに、非常に疑問を持っていました。

つまり、本当の意味が解らないから、読誦したり、写経をしているのだ、と思ったのです。

本当は、もっと解りやすいものではないのかと思ったのです。

永い歴史を体験して人々に愛されてきた仏教は、いつの間にか、日常生活の中でそうした形式的な習慣としてしか生きていない、いわば、化石化してしまったのです。

本当の意味が解っていないから、読誦すれば良いとか、写経すれば良いということになったのではないでしょうか。

私は疑問に思うのですが、ゴーダマ・ブッタ（仏陀）の時代に、果たして今のような哲学化されたむずかしいもので、文盲同様の当時の衆生を救うことができたのかどうかと。

日本に伝わってきた仏教は、中国ですっかり哲学化された、むずかしい漢文の経文です。そんな、仏教専門の学者や僧侶でも真に理解できない言葉で、シュドラー（奴隷）やヴェシャー（商工階級）やクシャトリヤ（武士階級）の底辺の人々の心を、救い得たのでしょうか。

私は、どうしても疑問に思うのです。経文というものは、読誦することによって良く理解をし、日々の生活の物差しとして実践する、そのことを教えているものでしょう。つまり読誦するだけの、他力本願は、仏教の根本とはいえないはずなのです。

般若心経は、その意味で、決して絵に書いた餅ではないといえます。たとえ餅だとしても、食べてみなければ味は解らないものです。

お経の中に書かれてある内容を、心の指針として実践する、これが本当の人の道といえるのではないでしょうか。

小乗仏教であるとか、大乗仏教であるとか、あるいは何々宗、何々流派とか色分けされたものは、仏教とはいえません。

では、真の仏教とは、ということを考えてみましょう。

仏教は、今を去る二千五百四十五年前、中印度を中心として、ゴーダマ・ブッタの説かれたブッタ・スートラ（悟りへの道）それが真の道ではないか、と思います。

中国の仏教にしても、日本の仏教にしても、バラモン教やヨギー・スートラ、拝火教まで混合していると考えられますし、護摩焚きなどという行事は、本当の仏教の行なうことではないはずです。

特にナラジュルナ（龍樹、二～三世紀）は、ゴーダマ・ブッタの説かれた四十五年間の教えを分類して、自分で理解できなかった問題は捨てて、後世に伝えたものです。

この辺に、誤りの原因があったといえましょう。

毎日の生活から離れた仏教は、正しいものではありません。つまり、お経の読誦に意味があるのではなく、それを良く理解して生活の中に生かす。そうでないとブッタの教えではないということになるでしょう。

他力本願の読誦だけで、ブッタの悟りに到達した人が果たしているでしょうか。

私は、宗教には、全く無関係の人生を歩んできましたが、人間としての道を求めて、すでに三十五年の歳月を過ごしてきており、その間、自然科学や物理学を通して人生の道を知り、またそれを生活の中に生かしてきています。

その結果、私が発見したのは、般若心経が自然科学と全く変わっていない〝神理〟である、ということでした。つまり、〝大自然〟こそ、人生におけるわが師である、と知ることができたのです。

専門の学者や僧侶が、哲学的な知恵だけで行ないを離れて解説したものと、心と行ないを実践した心の中から湧き出したものが書いた解説書と、そのどちらが真実であるかは、読者の皆さんの判断にお任せしたい、と思いますが、おそらく、誰でもが、私の解説した内容を良く理解して生活の中に生かしたならば、必ず、般若心経の偉大な〝仏智〟を得ることができるだろう、そう私は信じます。

この書を、その意味で読者の皆さんが、生活の友として役に立てて下さるならば、私にとっては望外の幸せです。

というのは、皆さんは、私と同じ結論に達するであろう、と考えられるからです。

私は、三十五年の求道の経験を踏まえて、一九六八年から、電気事業のかたわら、この道をあらゆるところで説いていますが、すでにこの道を求めて訪ねてきている方は、数万人に及んでいる、そのことが証左であるといえるのです。

そして、これらの人々の中から、般若波羅蜜多、すなわち〝転生輪廻〟の過程において、体験した自らの〝過去世〟を、当時の言葉で語り出している人達も、すでに百人を越えている、という事実もあります。

それは、仏教の華厳経十地品や、聖書の使徒行伝第二章に現われている現象と同じものです。

東京に、東北地方に、関西地方に、さらにはアメリカに、ブラジルに、エジプトに、過去世を語る同様の現象が輩出している、この事実は、見逃せないことです。

おそらく皆さんは、この事実を知ったとき、いかに現代仏教の在り方が誤っているか、ということを悟るでしょう。

この書は、現代の自然科学を通して、私自身が体験している〝転生輪廻〟を説明し、それが同時に般若心経の教えにあることを示しながら、併せて、観自在菩薩になられてゆく、ゴーダマ・ブッタの出家から成道への過程、正法流布の歴史を、なるべく解りやすく書いてみました。

皆さんが、この書によって、人生の苦しみから解脱できたならば、というのが私のささやかな希望であり、いつわらざる気持です。

一九七二年十一月

高橋信次

第三章　釈迦の誕生とバラモンの時代

第一章　原説・般若心経

般若心経の漢字は当て字である
むずかしい顔をして通ることはない
要は　その心を学ぶことである
真の心の在り方とは何か
真の宗教とはどういうものか
真の信仰とはどうあるべきなのか
そして〝悟りへの道〟への方法はいかにしたら良いか
心経とは〝心行〟なのである

般若心経（心行）

般若心経というお経の名は、かなり一般的です。

しかし、むずかしい漢字が並び、何だかすべてを否定しているようで、解りにくいものでもあります。

にも拘わらず、あるお寺の坊さんが、普通の言葉でお経を上げたら、

「お坊さん、漢字で書いてあるむずかしいお経のほうが、解らなくてもありがたいような気がする。あれをお願いしますよ」

と、仏前にかしこまって坐っていた職人風の主人が、読経の方法の指定をしたのを聞いたことがあります。

私はそのとき、永い習慣とはおそろしいものだ、と思っていました。漢文調の読経でなくては感じが出ない。そんなふうに仏教は変わってしまったのです。

法事や葬式、仏前、仏閣での灯明や線香その他の小道具と同じように、お経もまた儀

式の附属品のようにされてしまっています。

しかし、本当の仏教とは、そのようなものでしょうか。

私はこうした仏教の在り方に、大きな疑問を持っている一人です。私には、親しい友達にお坊さんが多く、仏教の専門大学で学ばれた、プロの宗教家である一人に、

「般若心経を仏様に供養すると、どんな功徳があるんですか」

と聞いたことがあります。すると、このようなお坊さんでさえ、

「般若心経はありがたいお経ですよ。どの宗派でもこのお経を読誦《どくじゅ》していますし、神仏に通ずるお経ですからね。写経も功徳があるようです」

という答えでした。

そして般若心経の心は、「無我だ」とつけ加え、「無我とはわれを無にすることで、これが仏教哲学の根本だ」とも解説するのでした。

そして「空」とは、「むなしいものだ、無だ、あると思えばない、ないと思えばあるという表現しかできない、不可思議なものである」ともいうのです。

おそらく、語っている本人も解ってはいないのでしょう。

それは、仏教のお経の中身を、いかに学問的な智で悟ろうとしてもできないでしょうし、私はむしろ、心経は、心行であるべきだ、と思うのです。つまり人々は、心経が、心と行ないの在り方を説いていることを忘れ、読誦することによって理解しようという、無駄なことをしているのです。

単なるそうした勤行は、心も伴わず実践もないから、かえって苦しみとなります。実践とは、お経を読むことではなく、その意味を良く理解して、生活行為の柱とする。そこにこそ価値があるのです。心と実践を失った仏教は、すでに仏教ではない、といえるでしょう。

しかしあるお坊さんは、

「一所懸命に、毎朝毎夕、般若心経を読誦したり、写経などをすれば、必然的にその意味も解り、心がおだやかになります。ありがたいお経文です」

といいます。それでは、胃けいれんや喘息で苦しんでいるときに使う、麻薬のようなものではありませんか。心経とは、そんなものではありません。おだやかにならない原因を除くための、心と行ないの在り方を教えている〝心の物差し〟なのです。

さて、それでは私の考える般若心経についての説明をしましょう。

般若心経はまずその題からして、大切な意味を持っています。この意味も理解せずに中味をとやかくいっても始まらないので、その解題から入ることにしましょう。

摩訶般若波羅蜜多心経の解題

摩訶般若波羅蜜多心経《まかはんにゃはらみたしんぎょう》は、古代インド語を中国流に当てはめた、当て字です。

そこには、ゴーダマ・ブッタの正しい教えを歪めてしまった、永い歴史があるということで、インドからチベット、中国と渡って行く間に、その国々の習慣や言語などの相違のため、学問的な智だけで判断して、その教えの実践をしないままにむずかしいものを作り出してしまった、ということでしょう。

ブッタの教えは、人間を、人生の苦しみから解脱させる方法を説いたもので、これを、ブッタ・スートラといっていました。

〝悟りへの道〟〝悟りへの教え〟です。

つまり、日常生活の一瞬一瞬の中で、かたよらない心と正しい行ないを実践する。そのときに、私達の心の窓は開かれて過去世を思い出し、現在の毎日の生活がいかに大切であるか、それゆえに人生の目的と使命を自覚せざるを得なくなる、そういった悟りへの道の教えなのです。とすれば、他力信仰の大乗仏教によって、悟り得るかどうかは、自明の理といえることでしょう。悟り得るはずがないのです。

私達は、毎日の実践活動の積み重ねによって、苦しみから離れ、執着《しゅうちゃく》を断ち、心の不調和な自分が作り出した曇りを晴らしたときに、偉大な神の慈愛の光によって満たされ、安らぎの境地に到達することができます。ところが仏教は、中国に渡ってから学問仏教に変わってしまい、智と意でゆがめられてしまった、といえるのです。

情、すなわち心は、学問仏教の哲学化された内部に埋没されてしまい、今、人々は、その神理を探し出すのに苦労しています。つまり仏教は、日常生活の中に生かされていないのです。

お経をあげたり、神社や仏閣にお詣りしたり、先祖をおまつりする、そうした形だけが今の信仰になっていますが、大切なことは、仏教という教えによって、正しい生活を行なうことなのです。

その心と行ないを実行しないで、何で仏教の本質を悟ることができるでしょうか。

むずかしい仏教哲学を、素人に解るはずがないと嘲笑する、プロ宗教家がもしいるとしたならば、私はこう聞いてみたい。

「インドのゴーダマ・シッタルダーは宗教家であっただろうか。イスラエルのイエス・キリストは宗教家であっただろうか……」と。

ゴーダマ・ブッタも出家した当時は、バラモン教のサマナーやサロモン達から、素人では深遠な神の道を知ることはできない、といわれたことです。

しかし、その中にも、マハーバラモンのババリーなどという人は、自らの愛弟子のビンギャーを始めとしてマイトレイヤー（弥勒菩薩）ら十七人を、ブッタのもとへ、その〝心〟を学び取らせるため、パラナシーのカパリーというところからはるばるグリドラクターの地に送った、という事実もあります。

イエスもユダヤ教や他の教徒から迫害を受けたことは、周知の話でしょう。

つまり、プロの宗教家の中にも、生ぬるい宗派にもの足りず、自ら道を求めて実践した人々もいるということです。

私がいいたいのは、プロの宗教家も、プロ意識を捨て、素人の言葉にも耳を傾けることのできるような心の広い人間になるべきだ、ということです。

ガンガーの流れが、今も変わることなくベンガル湾にそそいでいるように、神理の〝法〟は、時代の変化によって変わるものではありません。

かつての、戦乱の時代にはその環境の人々を救うため、生命の不変を教え、心の平和を与えるため、他力本願という方便を用いて人々を導くこともあったでしょう。しかし、それは一時の方便に過ぎないことです。

〝法〟は、人間の知恵によって変えられるものではない。だから、仏教を食い物にして、ヴェールをかぶせて他力信仰を教え、信者を盲目にしてしまった人達も、真の〝法〟を知ったならば、その罪は自分に返ってくることを思い知らされることでしょう。

つまり、理解できないから、かえってむずかしいものに作り変えてしまった、というのが真実の姿のようです。

私は、般若心経を、現代の自然の法則をもって対照し、それがいかに正しい人生の道標であるかを説明してみます。

玄奘三蔵は、長安の都から遠く南天竺を訪れ、仏教を求めて、悪戦苦闘の末、遂に仏法の神髄に触れ、心と行ないの大調和に達して、あの大般若経の中から、般若心経を集約したのです。

本文二百六十六字、題字十文字。それが、精華です。だからそれは、悟りの境地に到達しなかったら、完成されなかったといえましょう。知識と智慧とはちがうものです。生活と心の調和がなかったら、得ることのできない仏智であったといえるのです。

しかし後世の人々は、容易な他力本願に道を求めたときから、生活体験をとおして理解することを怠り、自己を見失ってしまいました。

例を引けば、現在、社会問題になっている公害も人間が作り出したものです。文明という人間の生活の知恵に、人間自身が溺れたからです。

それを修正するのは、やはり自力によるしかありません。心の中に作り出したスモッグも同じことがいえるでしょう。

自力によってのみ、他力が得られる、ということを知るべきです。

般若心経も、内容を理解するための読誦であり、理解するための写経であるならば良いのです。しかし祈ることによって救われると思うのなら、それはその本旨から遠くへだたってしまう、ということです。

内容の意味を知った心と生活、それ以外に本質に到達する道はないのです。

般若心経によってご利益を得ようと読誦することは、発声練習と、自己逃避、自己満足にしかすぎません。

偉大な般若心経の中にある正しい教えを、泥沼の中に入れてしまうということは、ダイヤモンドを溝に捨てるようなものではありませんか。

ゴーダマ・ブッタの教えは、偉大な心と行ないの教えであり、それが経文となっているのです。

では一つ一つ、言葉の解説に入りましょう。

摩訶

マカとは、マハーと呼ばれている古代インドの言葉です。

意味は、特別とか偉大とかいうことになるでしょう。

マハー・パジャパティーという人がいます。ゴーダマ・プッタの義母で、弟子達が尊敬していった、つまりマハーとは敬称なのです。

父王がこの世を去った後、パジャパティーは、三百七十六人の女官達とともにプッタに帰依され、多くの比丘尼の面倒を良くみられていたとのことです。

サンガー（僧伽）のサロモン、サマナー達も、そう敬称で呼んでいました。

そのほか、同時代には、コーサラ国の王を、マハー・コーサラと呼び、またプッタの弟子の中でも、マハー・モンガラナー、マハー・ナマー、マハー・カシャパー、マハー・カッチャナー、と呼ばれていた例があります。

般　若

ハンニャと呼んでいますが、般若の面を思い出す人もあるでしょう。しかし、この般若も当て字です。

正しくは、パニャー、という言葉です。

意味は智慧、心の中から湧き出してくる仏智、ともいえるでしょう。

波　羅

ハラと読みますが、これも当て字です。

パラーという古代インド語で、彼岸といっている人もあるが、〝行く〟とか〝到達する〟という意味です。

むしろ、彼岸、すなわちあちらの岸は、後に述べるカーティがそれでしょう。カーティという古代インドの言葉を中国語に発音すると、ギャーティーとなるようです。

蜜　多

ミターも、当て字であるが、蜜が多いというなかなか中国人らしい言葉です。蜜は、ゴーダマ・プッタの時代も、中国の玄奘の時代も貴重品だったからです。

意味は、内在とか家の中とかいったものです。

つまり、摩訶般若波羅蜜多心経は、マハー　パニャー　パラー　ミター　チター　スー

トラとなるわけで、その意味は、

「内在された、偉大な智慧に到達する、心の教え」

ということになります。

内在。それをいえば、私達の心には転生輪廻の過去現在のすべてが記憶されているのですが、心の不調和な行為によって曇りを作り、自ら神の光を閉ざしてしまっていることで、過去世で体験したあらゆる智慧を思い出すことが難しい、ということです。

それを思い出すためには、一切の執着を断って、足ることを知り、八正道の実践生活によって心の窓が開かれるといえます。

人生における体験は、わずか百年前後です。しかし内在されている体験は、無限に近いものなのです。

私達が、この智慧を思い出して生活したならば、まず生命の永遠を悟ることができ、どのくらい大きな人生での幸せを得られるか、はかり知れないものがあります。

仏智に到達する心の教えもまた、同じことがいえるでしょう。パニャー　パラー　ミターの境地になるためには、つまり正道を生活の中でしっかり行為しない限り不可能といえます。

内在された、その偉大な智慧、すなわち仏智を得る境地になることは、到彼岸という
ことになるでしょう。

智慧の宝庫を開かせる、その道こそ、般若心経の根本であるのです。

観自在菩薩《かんじざいぼさつ》　行深般若波羅蜜多時《ぎょうじんはんにゃはらみたじ》
照見五蘊皆空《しょうけんごうんかいくう》　度一切苦厄《どいっさいくやく》　舎利子《しゃりし》

如来と呼ばれる上段階光の大指導霊達は、宇宙即我の境地に到達している。

従って、全人類はみな兄弟であると悟っており、慈悲と愛の塊りである。一切の執着から離れ、神の心を衆生に教え衆生を人生の苦しみから解脱させる使命を持っている。

それは、実在界（四次元以降の世界）と現象界（三次元の地上界）のもっともすぐれた指導者群である。

直訳すると、観自在菩薩が、深く般若波羅蜜多を行ずるとき、五蘊はみな空なりと照見して、一切の苦厄を度し給う。

ということになりますが、これでは理解がゆきとどかないでしょう。

観自在菩薩とは、ブッタがインドで法を説いていた時代、バラモン教のヴェダーやウパニシャドの経典に出てくる言葉で、「アボロキティ・シュバラー」と表現されているものです。簡潔には、シュバラーとだけ呼ぶこともありました。

菩薩とは、ボサッターという言葉ですが、悟りの段階をいうのです。

ボサッターの段階では、完全に執着から離れているというわけにはいきません。

ただし、心の状態は慈愛に富み、衆生済度のためには、身を犠牲にしても救済するという者達で、決してむくいを求めない境地に到達していることです。

足りない部分というのは、自分の身につけるものに対しては飾る心を持っている、ということです。他人に良くみせたい、というような優越感はないが、自分で楽しんでいる程度といえましょう。

仏像を見ると、観世音菩薩《かんぜおんぼさつ》や弥勒菩薩《みろくぼさつ》その他の諸菩薩などは、ネックレスや王冠などを飾っていることでそれが良く解ります。

しかし、如来と呼ばれている上段階光の大指導霊達は、宇宙即我の境地に到達していますので、身にまとう衣服などに執着はなく、全人類はみな兄弟だということを悟っている、慈悲と愛の塊りの者達です。

それは、一切の執着から離れ、神の心を衆生に教え、衆生を人生の苦しみから解脱させる使命を持って活躍されている上段階光の大指導霊です。

つまり、実在界と現象界の、もっともすぐれた指導者群といえましょう。

ゴーダマ・シッタルダー、イエス・キリスト、モーゼが、そのアガシャー系の大指導霊だといえます。

このような大指導霊には、あの世もこの世もなく、輪廻《りんね》の実相を悟っているので、生と死の迷いから解脱しています。

その中から、肉体を持って現象界に出ている大指導霊は、自らの生活の中から、人生への疑問を持って遂に悟りを開き、観自在力を得、実在界に在る大指導霊や光の天使達の協力を得て、心を失った地上界の衆生に神理の種をまき、ユートピアへの道を開いて行くことに力を尽くしています。

それは、人間の作り出した、社会的な地位や経済的富に溺れることのない者達で、一切の束縛から離れて身を挺しているのです。

ゴーダマやイエスが非常に良い例といえます。

このような意味で、観自在菩薩が、深く般若波羅蜜多を行じた時、というのは、「内在された偉大な智慧に到達するための生活行為を、深く実践した時」ということになるでしょう。

観自在菩薩は、過去、現在、未来の諸現象を、自由自在に見聞することのできる悟った方で、慈悲と愛と寛容の心を持ち、すべての衆生を救済するために活躍している広い豊かな心の持ち主です。

私達の多くは、このように、偉大な、悟った人々の心も、他人の心の中もほとんど知ることができないため、眼でとらえた姿形、耳で聞いた話や噂、そんな範囲でつい人も物も、その評価を決めがちです。

それは、同じ次元で、平面思考で世界を見ているからにほかならないでしょう。

その次元のことを、少し説明しましょう。

今、私達の住んでいる世界は、X軸、Y軸、Z軸を結んだ三次元の世界です。

つまり宇宙空間をふくめた立体の世界といえましょう。

私達は、この世界に存在する物質的なものは確認できるが、それにも限界があるでしょう。

一次元の世界は低次元ですから三次元の世界から見えるはずです。しかし、次元が異なっているため、意志は通じないものです。

そして、三次元以降、四次元の世界も、三次元の五官で確認することはできないのです。

しかし正道を心の糧として、毎日の生活をしている者達の中には、四次元以降、多次元の世界に通じているものもあるということです。

四次元をとおして、三次元の状態を知ることができるのです。

その四次元以降は、意識界といえましょう。

一次元から二次元、二次元から三次元へと連続されているように、四次元以降の意識界も連続体です。つまり、私達の肉体に共存している意識は、そのゆえに、高次元と連続されているものだといえるでしょう。

意識は従って、高次元になれば、低次元の諸相を確認することができるのです。他人の心の中も、低次元にあれば解る、ということです。

私達は、三次元で肉体を持っていても、意識の発達が調和されて、高次元になれば、肉体舟から下船した者（死者）達とも通信が可能だし、その活動状態も解るのです。

死は、肉体舟との永遠の別れであって、その魂意識は、三次元以降多次元の世界に適応した肉体（光子体）を持ち、人生体験の一切を記憶して帰ってしまいます。

生命不滅、の理由が、ここに存在するのです。

さて、物質の三態についていては、知らない者はありません。

気体、液体、固体の三態です。

私のいう大宇宙への循環説は、魂は、光子体を持って実在界へ帰るだけで、それはなくなるわけではなく、肉体が滅びても、それは形骸の消滅にしかすぎない、ということです。

私達の魂は、不滅です。

ただ、実在界においては、心の調和度によって光の量が違い、その量に比例した世界がそれぞれ存在している、ということです。

地獄と天上界の存在、それは厳然として在るといえるのです。

私利私欲、自我我欲の強い人々の心は、その想念に曇りを生じ、そのために、肉体舟と同体になっている光子体は、神の光をさえぎられ暗い霊囲気におおわれてしまう、ということなのです。

そして、こうした人々は、地獄界に堕ちて行きます。そこで、罪業を償うことになるのです。

罪業を償う方法は、神の子としてなすべき片よりのない中道の心で、反省し、片よった心と行為の誤りを修正する以外にはありません。

私達は、今までの考え方で、〝行〟といえば、すぐにきびしい肉体行を想像するが、それでは心を失ってしまい、悟りへの彼岸に到達することはできない、といえます。

インドのプッタも、両極端の修行を捨てて、八正道を心の物差しとして悟りの境地に到達し、アボロキティー・シュバラーになったのです。

照見五蘊皆空　度一切苦厄　舎利子　の五蘊とは、眼耳鼻舌身から起こる煩悩のことです。

眼は、色彩を持った物質的諸現象を見て判断する機能ですが、私達の眼で確認できる範囲は非常に狭いものです。

眼で確認することのできない世界のほうがはるかに多い。しかし確認できなくとも、存在することは否定できないでしょう。

私達の眼に見える範囲は、あの七彩の虹くらいのものです。

こまかく見れば、赤色からは、赤外線の熱線レーダー、マイクロウェーブ、テレビ、ラジオ波、低周波というように、エネルギー粒子の振動数は小さくなり、波長は長くなってゆきます。

七彩の虹の紫色からは、紫外線、X線、γ線、σ線、宇宙線といった放射線のように、エネルギー粒子の振動数は大きくなり、波長は小さくなってゆきます。

しかし、このように、可視光線をはさんでいる両極端の周波を、私達は眼で見ることはできないのです。

この事実は、医学の分野でも、生物学の分野でも、物理学の分野でも実証できることでしょう。

従って私達は、眼で見た一瞬の諸現象をもって、絶対だと信じこんではならないのです。それでなくとも、人間は、おのれに都合の良いものを見れば喜び、不都合なものを見れば嫌います。

これは、心すべきことではないでしょうか。

耳はまた、空気を媒体として、一秒間に約三百三十米の速さで、その鼓膜に音波がつたわってくる。そして聴覚神経に働き、意識に通信されてゆきます。

だが、音には高低強弱があり、完全に音波をとらえることは不可能です。

ただ不可能だからといっても、現世は、見ざる、聞かざる、言わざるで通用するものではありません。

たとえそれが不確実なものであっても、耳をとおしてくる一切のことは、正しく聞くことが大切です。正しく聞くことのできない耳の持主は、他人の一言一句に感情的になり、自分を狂わせて正しい判断ができなくなるからです。

鼻は、嗅覚神経を司ります。

誰でも、悪臭は、嫌いでしょう。当然のことです。しかし、芳香だからといって、必ずしも良いものばかりとは限りません。

中には毒をふくんだ匂いもあるからです。

自然には自然の匂いがあり、物にはまたそれぞれの匂いがありますから、正しく嗅いで正しい判断をすることが大事です。

舌は、言葉の発音源でもあり、食事のときの味覚で、栄養補給の場所でもあります。

そして、わざわいは口から、病いも口からといわれるように、日常生活では、もっとも重要な五官のひとつであるといえます。

正しい中道を根本として、語ることが、どれほど大切なことであるかは、言葉が他人に意志を伝える道具として、誰にも深い経験のあることでしょう。

その一言一句が、相手を怒らせたり悲しませたりするだけに、中道をわきまえて語ることが必要なのです。

また、声には韻があり、言魂とは、その声の波動が、この現象界以外の意識界につたわってゆくことを意味します。

寺の鐘の音や僧侶の読経、これらはいずれも音の波動に乗って、実在界（天上界）へも地獄界へも、またこの現象界にも自在に行くことができます。

この波動に乗って、過去、現在、未来の三世を見とおす力を持ち、悟った者を観世音菩薩といっています。

心を調和して、肉体から離脱したもう一人の自分がその波動に乗って行くと、たとえば鐘の音の場合には、その鐘をついた人の心に比例した次元の世界に昇ることができるのです。

そして、身《しん》は、肉体的感触をふくめた、五体五官から構成されています。

五体とは、子孫保存の本能として、先祖代々にわたって受けつがれてきた、地上界に適応した肉体舟、それです。魂の修行場を目的とした、人生航路の乗り舟である、ということです。

この神の理、つまり神理が失われるに従って、私達は、肉体が絶対だと思いこんでしまうようになり、小さな汚れた歴史を作りつづけてきてしまったのです。

永遠に変わることのない、肉体舟の船頭である魂、すなわち意識を忘れ、その中心である心をないがしろにしてきたのです。

肉体舟の付属物の眼耳鼻舌身が、絶対のように思いこんでしまってきたということです。

もし、肉体舟が絶対であるならば、なぜ死ぬときに、実在界（天上界）へ持って帰れないのでしょうか。

それは、次元の違いとともに、この地上界の、もっとも粗悪な物質界と、調和された精妙な霊囲気に包まれた世界との差といえるでしょう。

私達の肉体は、いつか病み、老い、そして死んで行き、大地や空にもどってしまうものです。

観自在菩薩は、そこで、次のように説かれているのです。

「このように、私達の五体五官の煩悩が、心に作用し、正しい基準、片よりのない中道の物差しを忘れ去ってしまったため、一切の苦しみや災難厄難、つまり一切苦厄の、原因になっている。それを見とどけることができるのだよ、舎利子よ」

舎利子という人は、ゴーダマ・プッタの右腕ともいわれた、サロモン（修行者）です。

色《しき》不《ふ》異《い》空《くう》
色即《しきそく》是《ぜ》空《くう》

空《くう》不《ふ》異《い》色《しき》
空即《くうそく》是《ぜ》色《しき》

仏教は、時代とともに、人間の手によって、むずかしく哲学化されてしまった。

心と行ないを失ってしまった、これは末法の信仰である。

他力本願しかり、教団仏教しかり、まつり仏教しかり、写経しかり、読誦《どくじゅ》しかりである。

神仏の喜ぶのはただ、心の美しい人々の正しい行為なのである。

人々が、これをなすことが仏教の本来の姿なのである。

色は空に異《こと》ならず、空は色に異ならず、色はすなわちこれ空なり、空はすなわちこれ色なりと読みますが、これは、万人に知られたあまりにも有名な経文です。

しかし、仏教では、〝空〟の理論が解れば教義の全部が解明されたようなもの、といわれるほど、その意味はむずかしいようです。

空を、「むなしいものだとか、あると思えばなく、ないと思えばある」と説いている学者がいるようだが、果たして衆生は、こんな説明で理解できるでしょうか。

私には理解できません。

おそらく書いている人にも解ってはいないのではないでしょうか。

「色心不二《しきしんふじ》」という言葉があります。天台大師の説かれた、法華経の中にある言葉ですが、この中の〝心〟は、むなしいものでしょうか。

そして、この心の在り方を、一念三千と教えています。

一念三千とは、私達の心は無限に広く、自由自在に変化することをいっているのです。

仏教を哲学化した人々によって、むずかしく説明されてしまった、といえましょう。

私には、彼らが心を失った頭脳プレーを楽しんでしまったように感じられるからです。

心と行ないを失ってしまったものは、仏教ではないでしょう。まして、他力本願の信仰においておやです。

このような仏教を末法といい、人の心はおろか地獄界に堕ちた人々など、救済することはできないでしょう。

他力本願の張本人達は、形にとらわれていますが、拝む偶像は、飾りけのない質素な、執着を離れている姿を浮きぼりにしてある如来像でしょう。

それなのに、勤行《ごんぎょう》とかいう旧来の因習を踏んで、自分の身と外見を飾っているのはどういうことでしょうか。

私は、疑問を持つ一人です。

またこちらが本山だ、いやあちらが本山だ。板曼陀羅は本物だ、いや偽物だと争って、莫大な金を狂信者、盲信者から集め、神の身体の一部である地球という大神殿にあきたらず、不浄の金で小さな建物を山中に作ったり、本堂を作ったりしている不自然な教団や僧侶もいます。

こんな物を作って、神仏が本当に喜ぶでしょうか。

喜ぶとしたら、それは、地球という三次元の世界に執着を持って、狂信者や盲信者の心をあやつっている悪魔か魔王か動物霊達の仕業である、といっておきましょう。

神仏の喜ぶのは、心の美しい人々の正しい行為なのです。

もし金があるなら、それを大衆の幸福になるよう放出して、救済に当てることが、本当の布施であり、菩薩行というべきです。

布施をしないと、狂信者や盲信者には罰が当たると脅迫している者もいるが、そんな馬鹿なことは絶対ありません。

太陽の熱や光のエネルギーは、貧乏人だからとか、金持ちだからとか、地位とか名誉によって、差別しているでしょうか。

神仏は、人によってえこひいきなど決してしません。

もしそんなことをするとしたら、それも、魔王や動物霊達の仕業以外にないということを知るべきでしょう。

八正道を、生活の柱としている心に曇りのない人々は、神仏の光明によって満たされているものです。

罰というものは、自分の心と行ないが中道の生活から逸脱したとき、その暗い想念や行為が生み出し一念三千の心の針が暗い地獄界に通じて現象化するものなのです。

原因はあくまで自分の中にある、ということを知らなければなりません。

不調和な恨み、嫉み、怒り、争い、増上慢、自我我欲、自己保存などの心を持っている人々の心は、地獄界に通じ、心に安らぎはなく、肉体的にも不調和になってしまうでしょう。

悪へ片よった心と行ないをしているから罰が当たるのです。

原因と結果の法則、つまり作用と反作用の法則というわけで、このことを考えれば良く解ることでしょう。

常に慈悲深く、愛に富み、勤勉で、偽りがなく、感謝の心を持って、報恩の行為を実践している者達の心は、常に光明に包まれているのです。

このような私達の生活の中に、天上界の光の天使はその人々の幸福のために協力をしてくれるのです。

逆に、心の不調和な人々には、地獄の魔王や動物霊達が、不幸になるために協力します。

どちらを選ぶかは当人次第ということです。気違いやノイローゼになった人々が、今までの人格が変わってしまうことがあります。

これは、ほとんど地獄霊の仕業で、憑かれている不調和な人々の意識を支配してしまうからです。

これにも、原因と結果の法則が存在していることが解ったら、自分の不調和な心と行ないを修正する以外にはないでしょう。

すべて〝心〟の作用だ、ということです。

そして〝色〟とは、私達の眼で確認できる万生万物のことをいっているのです。

肉体もやはり〝色〟です。

すなわち肉体舟とその船頭である意識、その中心である心とは、この現象界においては、切り離して考えることはできないのです。

つまり、肉体舟は心の表現体ということになります。

そして、太陽を始め、大自然は、神仏の心の表現体ということになるでしょう。

少し科学的に説明してみましょう。

この現象界の太陽は、一秒間に宇宙空間に、9.3×10^{22}kcl/secの熱エネルギーを放射して、この地球に対しては、$\frac{9.3 \times 10^{22}}{2.5 \times 10^{3}}$kcl/sec、約二百万トンの石炭を一秒毎に燃焼しただけの熱エネルギーを無料で供給しているのです。

この熱エネルギーによって、水は蒸発して大空に、そして冷却されて陸地に雨を降らせています。

このために植物は成長し、緑色の植物は、二酸化炭素CO_2を水H_2Oとともに吸収し、光合成によって澱粉、蛋白質、脂肪、糖分などを作り、動物の肉体保存のエネルギーを提供しています。

動物の排泄物その他のものを、植物はまた土壌の中から吸収して、相互関係を保っているというわけです。

このような姿こそ、神仏の慈悲の現われではありませんか。

もし太陽がなかったなら、私達は生存できるでしょうか。

植物の呼吸作用によって酸素が出され、また私達の呼吸作用によって、炭酸ガスCO_2が出されています。空中で二酸化炭素CO_2となってこれを植物は吸収し、動物は酸素O_2

を吸収しています。

酸素O_2が欠乏したら、動物は生きていられるでしょうか。

この相関関係も、神理によるものです。

それを、生活の知恵を作り出した物質文明が、酸素を汚染して、硫化物や窒素化合物を生み出し空間を汚しています。

光化学スモッグは、人体はおろか、植物にまで悪い影響を与えているではありませんか。人間が心を失って、足ることを忘れた物質文明が、自らの首をしめる結果を生んでいることが、このことでも良く解るでしょう。

利益の追求、労使の闘争、報恩感謝の心を失った人間に、どこに神の子としての心があるといえるでしょうか。

精神公害もまた同様です。多くの宗教は、他力信仰で人間の心を、誤った神仏の名のもとに束縛しているではありませんか。

教祖と、その一部分の指導者が甘い汁を吸って、大衆は犠牲になっている。不浄の金で、彼らを養っている、そんな成立の形に本当の宗教はありません。

その教えは、阿片よりおそろしい、といえます。神仏の名のもとに、金品を強要するような指導者は、偽善者です。

布施の言葉、供物によって、神仏の慈悲が左右される、などということは絶対にないのだ、ということを知らなくてはなりません。

そして、物質経済に執着を持って、欲望の奴隷になり下がってもいけないのです。

金は、生きているときしか使えないものだし、もし、あまって使い道がないのなら、社会人類のため、そのときこそ相互に布施し合って、貧しい人々や、不具の人々や、老病の人などを救うべきでしょう。

あの太陽のエネルギーを、無償の行為と観じたとき、私達は、報恩の心を持つべきなのです。

一人一人が、そうした心を持ち得れば、ユートピアは、築かれて行くのです。

感謝する心は、報恩という行為によって輪廻しているということを、忘れ去っている人々の何と多いことでしょうか。

労使の不調和な闘争は、この心の欠如の最たるものといえましょう。

闘争と破壊、これが相互の首をしめてしまうということを、やがて人間は悟るときがくるでしょう。

受想行識《じゅそうぎょうしき》　亦復如是《やくぶにょぜ》　舎利子《しゃりし》

心の中で想うことと肉体舟の行為は、互いに調和された相互関係を持って、安定されていなくてはならない。

しかし、多くの人々は、正しいということを知りながら、その道を歩んでいない。

この意味は、

「私達の心の作用によって、肉体的行為が現われ、肉体的行為があってまた心に作用するのだ。すなわち、色即是空、空即是色と同じ意義を持っているのだよ。シャリープトラーよ、すなわち諸々の比丘、比丘尼達よ」

ということでしょう。

受想行識とは、心の作用と肉体的行為であり、五官をとおしてきた感応が、心の中の想念の領域の本能や智性や感情や理性に作用して、意志となり、行動に移って行く、そして体験されたものは、肉体的行為や心の想念の働きに作用して智性の進化にもなって行きます。

つまり、心の作用と肉体的行動は、〝空〟から〝色〟に、〝色〟から〝空〟へという、変化と変わらない働きだといえましょう。

心で想うことと肉体舟の行為は、互いに調和された相互関係として、安定されていなくてはならないといえます。

しかし多くの人々の中には、正しいということを知っていても、自分の都合が悪ければ行為で現わさない者達がいます。

このような者達は、自己保存、あるいは、自我我欲の暗い心を作り出してしまうでしょう。

心の世界は、次元を超えた〝空〟の世界に通じているから、不調和なことも、調和されている慈愛の心もすべて記録されているということを、知らなくてはならないでしょう。

そしてこの善悪の記録は、やがて自分自身にかえってくるのです。

このことは、作用と反作用の法則と同じです。

〝空〟はからっぽだとか、何にもないとか、否定することはできないのです。否定したところで、自分の心は、動かすことのできない絶対の〝空〟の中に存在しているからです。

是《ぜ》諸《しょ》法《ほう》空《くう》相《そう》　不《ふ》生《しょう》不《ふ》滅《めつ》
不《ふ》垢《く》不《ふ》浄《じょう》　不《ふ》増《ぞう》不《ふ》減《げん》

現代にも、過去世の世界を、霊視できる人がいる。そしてその人々は、かつての、その過去世の言葉を語る。

悟りを開いた光子体が、今の、私達の肉体を離れて実在界との往復を可能にしているからである。

そこは心の世界である。そして、現象界三次元の世界と、四次元以降の世界とは、連続体であるから、あなたも、八正道の実践によって、その境地に達することは可能なのである。

是諸法とは、「この諸々のあらゆる神理＝タルマは」ということになるでしょう。

空相とは、「神の心の現われである」ということで、これは、空即是色であるということからみれば、実在界すなわち次元の違っている、非物質的な精妙である意識界と、もっとも不安定な固体的な現象界＝物質の世界とは、不二一体である、という内容を持っています。

現象界における大自然の移り変わる姿や、自然の法則は、心の世界、実在の世界の表現体です。すなわち、大宇宙体を支配している意識の現われだといえるのです。

この意識は、神の心の現われということになるでしょう。

〝色〟の世界から〝空〟の世界に変わり、〝空〟の世界から〝色〟の世界に変わって行く、すなわち、輪廻して行く姿を〝空相〟ということがいえるでしょう。

肉体舟と、船頭である魂・意識が不二であるということは、今自分達がものを考え、思うと、その意志によって肉体舟の進路を定めていることを考えても理解できましょう。

肉体舟は、船頭の表現体ということです。

それゆえに、〝空〟は〝色〟の相を現わしているし、〝色〟は〝空〟の実相を表現しているということになるでしょう。

現象界三次元の世界と、四次元以降の世界は次元が異なっているが、連続体です。しかし、三次元の物質を、四次元以降に持ちこむことはできないでしょう。

つまりこの現象界は、四次元以降の世界から投影されている立体映画ともいえ、人類は、その人生劇場で演技する、ヒーローやヒロインということがいえます。

言いかえれば、物質はエネルギーであり、エネルギーはまた物質である、ということと同義のこととなります。

仕事をなし得る能力、つまりエネルギーを見て物質の特性が解り、物質をとおしてエネルギーの特性が解るように、エネルギー粒子の集中と分散、それによって輪廻しているということです。

物質の三次元の存在に対して、エネルギーの次元は、高次元といえます。外力の縁によって、物質はエネルギーという次元に連続されて行くことになるでしょう。やはり、色即是空、空即是色、すなわち〝空相〟ということです。

このように、〝空相〟とは、永遠に変わらない実在界の万生万物を支配している根本で、宇宙意識の心の姿といえましょう。

不生不滅　不垢不浄　不増不減とは、生まれず、滅せず、垢つかず、浄らかならず、増えず、減らず、ということになりましょう。

しかし、すべて否定しているから、無になると思ったら大間違いです。

不変だ、ということです。

今から記すストーリーは、私達のグループの中に、肉体舟から脱け出して、もう一人の自分が、〝空〟実在界へ、光子体の姿で、実際に行った何人かの人々の物語です。

かつて、プッタが悟りを開いたときと同じように、一切の執着《しゅうちゃく》から離れ、八正道を心の物差しとして一秒一秒の生活の積み重ねをした結果、パニャー・パラミター（内在された智慧に到達する）の境地になり、インドのゴーダマ・プッタの時代のことを思い出し、当時のマガタ語を思い出し、たどたどしい日本語に翻訳《ほんやく》して、仏教流布の状況を語ったこれは、心の窓を開いた現代の十数人の人々の言葉です。

そして同じように、イスラエルの地でキリスト教の伝道をした人の古代エジプト語によるものもふくまれています。

――アラハンの境地に到達した者達は、心を調和して、光明に満たされたドーム（三次元から四次元以上を結ぶ中道の極地）を上昇して行きます。

その速度は非常に速く、耳もとに風を切る音が聞こえるほどです。途中までは、交通事故で亡くなった者が、血を流したまま近くを昇ってきましたが、薄暗い世界に消えて行きます。

白い着物をきた五十代の婦人も途中の薄暗い世界に消えて行きました。しばらくすると、星空が次第に下になり、真青な空が開け、新緑に包まれた美しい自然が展開されて行きます。

それは、現象界地球上の緑とは違って、若葉色の芝生が、スロープのきいた丘一面、絨緞《じゅうたん》を敷きつめたように生き生きとしています。

芝は、その上を歩くと、足を柔らかく包むような何ともいえない感触です。

樹々も若葉の枝をひろげるように、それは、万物万生が慈愛の心で迎え入れる喜びの姿です。

空からは、太陽の光とは違った安らぎのある光明が、身体にしみとおるように射して、のどかな春日のような、季節です。

しばらく歩いて行くと、南の国々にある寺院のような白い大きな建物が、丘の中腹よりやや上方にどっしりと構えています。

そしてその門のそばまで、歴史の本に出てくるような、古代人のインド・スタイルをした血色の良い外人達や、エジプト・スタイルの外人達が迎えに出てくれます。

日本語で喋っても、意志は充分に、その人々に通じてしまいます。

門は自動ドアで、その人の心の調和度によって、光の量が違っているが、後光の光る量によって開くようになっています。不調和な暗い心の人々は、入れないようにできているらしいのです。

地上界からきた数人の調和された心の人々が、肉体舟から脱け出して、光子体の肉体でそばに立っています。あとからついてきたのでしょう。

背広姿、婦人服の姿など地球上で常に着用しているものと変わってはいないが、顔色といい、態度といい、地上界で肉体舟に乗って生活しているときの者達よりも、何か精妙で、安らぎのある姿でした。

中国の坊さんの仕度をしている僧侶の身体からは、この地上界で見る仏像の後光と同じようなものが、頭の周囲をおおっています。

そばで迎えてくれた人々は、間違いなく光の天使達であることが解ります。地球からきた者は、地上界での生活がしみこんでいるせいか、光の天使達とくらべれば、洗練された都会人と、田舎で農耕などをやっているほどの差がありますが、それはやむを得ないことでしょう。

僧侶の格好をした光の天使が、中国訛りの日本語で、丘の上から、無限のようなスロープの下の、世界について説明するのでした。

「この場所は、仏教でいうと、金剛界ともいわれているところで、見えないはるか彼方は、あなた達の住む地上界ですが、そこにも通じています。

調和された丸い心の広さの段階によって、地獄界から金剛界まで、霊囲気の違った世界が作られています。

あなた達の肉体先祖で、亡くなられた者達の中には、未だに地球上に執着を持っている者もあって、地獄界を作り、同類で生活をし、その世界を展開しています。

しかし、あなた達は、私達の世界を出るとき今度あの世（現象界）へ行ったら、必ず悟り、迷える衆生に安らぎの道を説き、救ってきますすと私達と約束をしましたが、その約束を果たされてまことに嬉しく思います。お会いするのは四、五十年ぶりですね」

それは、涙を流しながらの言葉でした。そのそばに立っていた外人の光の天使達も、なつかしさがこみ上げて、互いに手をとり合って再会を喜ぶのでした。古代エジプト・スタイルの光の天使は、光明燦然《さんぜん》とした、二米二、三十糎くらいの大男でした。

「私達、嬉しい。地球上、人々、心ない。人間みな、神の子、心、私達同じこと。あなた達、みな友達、心と生活、広い豊かな丸い心あります。地球、心良い人、一杯出ている。心合わせ、正しく生きること、私達楽しみにしています」

そう語る言葉は、私達の心の中にもしみじみとしたものを感じさせるのでした。

仏像で見たような光の天使もいます。

私達は、初めて、地上界とは全く異なった光明の世界にきたのだ、という実感がわいて、嬉しさで胸のこみ上げてくるものをとめることができませんでした。人間は、このような〝空〟の世界、実在の世界から、地球上に転生輪廻しているのだという実感が、心の中にしみこんでくるのでした。

「私達も、今までの人生で、いろいろと罪を犯してきました。怒り、偽り、恨み、そねみ、欲望、自己保存、情欲、感謝のない生活、物質文明の奴隷に成り下がってしまい、自分の使命を忘れていました。本当にお許し下さい」

というと、みな顔を見合わせて笑いました。

「それは、自分の善なる心に詫びることね」

と、エジプトの光の天使も、嬉しそうに笑うのでした。そして、

「人間、地球生活、盲目の人生、きびしい修行ね。心、忘れる。眼、見えるもの、耳、聞くもの、肌、感じるもの、みな、絶対、正しい見解、忘れてしまう。心、曇る、私達、生活できない。地球、友達、私達、心通じない。私達、悲しい。本当、地球生活、むずかしい。私、地球、生まれる。物のとりこ、悟り、あるか、ないか、解らない、私

……」

たどたどしい日本語で、また語るのでしたが、その意味は良く心にひびいてくるのでした。

そして、

「〝空〟の世界、この実在の世界から地上界に生まれるということは、神の身体である地球という小さな細胞を、神の子万物の霊長である人類の慈悲と愛の心をもって、自らの智慧と勇気によって、一人一人が、片よりのない中道の心を柱とした実践生活をし、ユートピアの完成をするのが使命である」と続け、さらに、「君達は、私達と約束をして地球上に出たならば、必ず悟って、迷える人々に愛の手を差しのべ、救済すべきである。君達は、地球上で、肉体舟を戴く人々とかつて約束して、天上界の修養所で待機し、天使達の送別会までやって貰ったのだから――」というのです。

「天上界で両親となることを約束した者達が、成長してやがて結ばれ、肉体舟を作り保存するための本能を神から与えられ、精子と卵子の調和によって、肉体舟の種をまくのだ。肉体舟の細胞は、核分裂して五体が形成され、三十日くらいになると、七糎～十糎くらいの胎児に成長した頃、初めて天上界の修養所から送り出されて母体の胎児を支配する。母親の意識と、胎児の肉体を支配する意識が調和しない場合、つわり、という現象が起こったり、食べ物が変わってしまうのだ」ということも語るのでした。

「実在界〝空〟の世界から見れば、八～九十年の短い年月、地球というもっとも不安定な物質的環境で生活するため、十月十日《とつきとおか》たって生まれ、空気に触れるとともに、一切の過去世のことは潜在されてしまい、母乳を吸う本能だけが芽生えて肉体保存のできるようになっている。

生まれて行く場所は、自分自身で選び、実在界の人類はみな兄弟だということを知っているので人種差別はないのだ。

地球上の経済力にも関係ないし、地位や名誉にも関係なく、多くの光の天使達は、なるべく悟れるような環境を選ぶということだ。

そしてその中で、人生の新しい学習を体験し、心を豊かに広い慈愛の満ち満ちたおのれを完成するのだ」

光の天使は、次々と教えを説きます。

「生まれた環境、習慣、教育、思想をとおして、次々と自我が芽生え、自己保存が芽生え、自分自身の潜在された意識が表面に出てくる。

氷の水面に出てくる面積は、約一〇％くらいで、九〇％は潜在しているように、私達の意識も、神の身体の現象界といわれるエネルギー粒子の集中固定化した物質と、分散されている空間に出てしまうと、大自然の法則にならうのだ。

成長するに従って、過去世で作り出した業《カルマ》という性格が、人生体験を積むほどに出てくるようだ。

苦しみをとおして、その原因を追及し、反省して修正すれば、心の曇りは晴れ、安らぎの丸い豊かな心が作り出されて行き、心は光明に満たされ、やがて人生に対する疑問を次々と追及して心は進化を続けて行くものだ。

学校で学習するのは、より豊かな智性を作り、ものの判断を豊かにし、誤りのない人生を送るための基本的素養を身につけるためだ。

きびしい社会生活の体験をとおして、さらに今ある環境の中で、心の新しい学習を今も続けているのだ」

「そして、自らの心と行ないの欠点を、強く修正して行く者こそ、真の勝利者だ」

「しかし、人間は、肉体的先祖や子孫に執着をもって、神の身体の一部である土地や、財産への執着が絶ちがたく、乗り舟の執着に明け暮れて、遂に〝空〟実在界のやがて帰るべき場所まで忘れ、墓や寺院に、また生まれた家や住居に執着を残して自らの心を束縛して心の中に地獄界を作り出してしまう」

「いかに財産があろうとも、地位があろうとも、執着を持ってしまうと、心に曇りが生じ、肉体舟と同体になっている光子体の光を失ってしまうため、辿りつく場所は、きびしい地獄界に行くだろう」

「人間は、この現象界を去るときは、人生で体験した一切のこと、思ったこと行なったことを持って行く。心の中のその記憶装置は精妙で、地上界の電算機などの比ではない」

「人生でなした行為と想念の決裁は、自らの善なる心が裁き、罪を犯した者は、自ら罪を償う場所に行き、その原因がどこにあったかを発見して自覚するまでそこにとどまるのだ」

「物質文明も人間の生活の智慧が作り出したものであり、地位や名誉も作り出したものであり、それらはすべて変わりやすい。神の作り出したものは、安定し変わることがない」

「ただ、いかに人間らしく、正しい中道の生活をして、広く豊かな心を作り、人々のために心から尽くしたか、ということがもっとも大事なことだといえよう」

「人間は、いつの日か、両親から戴いた肉体舟から下船しなくてはならない。あの世に帰る光子体の肉体をもって、光の世界に帰って行くのだ」

「自らの心と行ないを正さないで、実在の世界を悟ることはできない。智性だけの悟りは絵に書いたボタ餅だ。正道を行なわなくては結果は出ない」

「肉体舟の生と死を見て、生まれたとか死んだとかいうのは、正しい道理ではないといえよう。それは、肉体舟の船頭が、乗り物をかえただけで、本当の自分自身は、死ぬことも生まれることもなく、汚ないも綺麗もなく、増えも減りもしないのである」

「物質的な現象だけを見ているから、そのように感じるだけなのだ。人間は永遠の生命なのだ」

「あなた達は、眠っているときに、私達、世界、くることある、心調和されたときね。不調和の心、くることできない」

光の天使が眠っているときには、肉体舟から抜け出して、次元の違った世界に行くことがある、とエジプトの光の天使は、説明するのでした。

長い、しかし充実した話を聞いているうちに、地球上から心を調和してきていた者達の何人かは、心の調和が乱れたのか、眠ってしまったのか、すでに姿は見えませんでした。

この地上界の時間で二時間半近く話をして、禅定している原子肉体細胞でできている肉体にもどり、大きな呼吸を吐いて従来の自分に帰るのでした。


このような、事実を体験した人々から、私のところへ電話がかかり、

「昨夜は実在界に行ってきました。そこは非常にすばらしい場所で、光の天使や大指導霊達が迎えてくれました」

と、それぞれが、体験した天上界の情景を話すのでした。

この事実を信じる、信じないは、読者のみなさんにお任せしましょう。

ただ人間は、こうした事実を否定する前に、ブッタの悟りへの道を、自分自身が実践してみて判断する、このことが正しい行為といえましょう。

頭の中だけで判断するのは、おろかしい者達で、自己保存の強い、自我心の強い人々だといえます。このような人々は、否定のために否定している執着の強い人である、というしかありません。

疑問を持つのは当然のことです。それをどう解くか、そのことのほうが真実に近づく早道でしょう。その解答は、必ずあなたに正しい神理を教えてくれるはずです。

疑問への解答——地上界になぜ争いが絶えないか

平和な実在界があるのに、そこに光の大指導霊や光の天使達がいるのに、なぜ地球上に戦争や、他人との争いや、労使の闘争や病気があるのだろう、と疑問を持つのは当然です。

それはこういうことです。

〝空〟の世界、実在界とこの現象界とは、次元が違っているが、この地上界の人々の心の調和によって、霊囲気が精妙になれば、通信は可能なのです。しかし、人々の心が不調和のため、この地上界に巣食っている動物霊や地獄霊のように執着の強い者達が、特定の人々の心を支配して語ることもあるのです。

重要なことは、このような人々の心と生活の態度が、怒りっぽいとか、金銭欲が強いとか、情欲に溺れているとか、他をそしるとか、地位や名誉ばかりを追っているとか、形式主義に陥っているとか、不調和になっているので、天上界の者達がなかなか指導できないのです。

特に、貧乏人から多額の金品を神の名のもとに請求する偽善者は、正しい心の者達ではありません。竜王だの、菩薩だの、如来だのと名乗ったところで、本物は、心の美しい人々以外に出られないのです。

このような地獄霊や動物霊に憑依されている者達は、常に心がいらいらし、今いったこととあとでいったことがちぐはぐで、脅迫めいたことばかりをします。

先祖が祟っているとか、浮かばれていないとか、不幸の原因を教える霊媒もいるでしょう。そうしたものにいくらお経を上げて供養したところで、救われることはないでしょう。地獄に堕ちるような人に、お経の意味など解るはずはないからです。

解らないお経を上げて、悟ることができるなら、地上界の人々の心は、もっと平和になり、争いなど起こさないはずです。

先祖に対する供養は、

「まず先祖からは肉体舟を戴いたのだ／育てて戴いたのであろう／感謝する心を持って報恩の行為で示すことが大事だろう／それには身体を丈夫にして／心を美しく／家庭が円満で／いつも笑い声の立つ家で／朝起きれば希望に燃えて／昼は自分の仕事に勤勉で／夕は一家団らんの夕食をとり／夜は自由を与えられ」

こうした人間の一日に、不満があるはずがないでしょう。このような生活をすることが、先祖に対する最大の供養だといえます。

たとえ地獄に堕ちていても、子孫の平和な生活、光明に満ちた生活をしていれば、地獄霊もその姿を見て、自ら自分の非を悟ることでしょう。

形式主義によっては、光明の安らぎは与えられないということを悟らなくてはならないのです。

地獄に堕ちるということは、他人に原因があるのではなく、自分自身の生活に原因があるということを自覚すべきです。

また、病気や事故や経済的不調和、友人との不調和や、生まれながらの肉体的不調和にしても、すべて反省の機会は与えられている、そのことを知るべきでしょう。結果を見て、なぜ不調和な現象が起きたのか、その原因を知って反省し、心から神に詫びることが必要です。

心の調和されている者達には、直接注意してくれる天使達もいるでしょう。不調和な者には、警告を出してくれることもあるでしょう。

私達は、日本にだけ生まれているのではないのです。あらゆる国々の体験をして、転生輪廻をしているということを忘れてはならないのです。

心の窓が開かれ、意識のテープレコーダーのスイッチを入れられた者達は、実在界の光の天使や天使達の協力によって、過去何年、どこの国で生まれどうすごしたか、どんな両親を持ち、どんな友人を持っていたか、それから死んで、今度はどこの国で生まれた、といった記憶がよみがえり、その生まれた過去世の国の言葉で語り出すものです。(華厳経十地品)

釈迦如来、といって出ている霊媒や教祖達に、古代インド語やその他のことを質問すれば、二千数百年後につたわってきた偶像にお経など上げることはないでしょう。まして、法華経の題目など上げるはずはなく、あったらそれは偽者です。その時代に、そんな経文はありはしないからです。

また、観世音菩薩と名乗る者が、観音経を読んだとしたらこれもおかしい。なぜなら、自分が自分の業績をたたえたものを読むはずがないからです。

自国語だけしか話さない菩薩や如来など、偽りだということを知るべきでしょう。

つまり、それだけ、人の心は汚され、動物霊や魔王、地獄霊などが偽って出ているのです。しかし、メッキはいつかはげるものです。

如来や菩薩や不動明王や稲荷大明神や竜神などが、霊媒に出てきて、先祖の供養をしなさいとか先祖が迷っているとかいうはずはないのです。

すべて、地獄霊の仕業です。本物の、慈悲深い如来や菩薩や諸天善神なら、哀れな地獄霊達をも救うことでしょう。

このように、不生、不滅の生命を持っている私達は、誤った道に入ってはならないのです。正しい神理にもとづいて生活をしていれば、必ず天上界に通じるはずです。

如来は、転生輪廻の道を悟っているから、現象の肉体にとらわれず、自由に実在界、地獄界、地上界を往来し、輪廻を解脱しているのです。

生と死の束縛から離れている、そのことは、如来ならば当然、肉体舟は人生航路における魂、意識の乗り舟にしかすぎないことを知っているし、生死はまた〝空〟から〝色〟の世界、あの世とこの世に適応した肉体舟の乗り替えにしかすぎないことを、良く悟っているからです。

私達は、この現象界においては、同じ国にばかり生まれているのではないということを、このことによって知らなくてはならないでしょう。それは、肉体条件の異なるあらゆる世界の国々に、自分が望んで転生輪廻している生命である、ということなのです。

貧しい環境に生まれて魂を磨くこともある、また一国の主として優雅な生活を送ることもあるし、衆生に尽くす立場に立つこともあるでしょう。

そのすべては、自らの人生の体験をとおして、豊かな神の子としての、広い心を作るための修行にほかならないのです。そして今も、私達は新しい人生の学習をしているのです。

従って、肉体的先祖が、すべてである、という認識は誤りなのだ、ということが解るでしょう。

現代社会人の大きな誤りは、肉体先祖から肉体を戴いているため、それが魂までくれたもの、と思いこんでいるところにあります。

しかし、そうでないことはもうお解りでしょう。もし魂まで戴いたものなら、私達は、両親と全く同じ魂・意識を持ち、同じ考えをするはずですし、断絶などあり得ないはずなのです。

しかし現実は、そうなっていません。私達の中に、内在する潜在意識のテープ・レコーダーは、転生輪廻のすべてを記憶しているのであり、誰でもが、心の窓が開かれ偉大な智慧に到達できれば、そのことを悟り得るのです。

私達はつまり、転生輪廻の旅人、修行者である、というわけです。

私達の魂は、生まれることも滅することもない、永遠の生命なのです。ですから、肉体舟自体の垢や塵にまみれることもないし、そのゆえに、増えも減りもしない、不増不滅であるというわけです。

人の世界の争いも、各人の心がここに到れば、必ず救い得るものなのです。

是《ぜ》故《こ》空《くう》中《ちゅう》無《む》色《しき》　無《む》受《じゅ》想《そう》行《ぎょう》識《しき》

無《む》眼《げん》耳《に》鼻《び》舌《ぜっ》身《しん》意《い(に)》　無《む》色《しき》声《しょう》香《こう》味《み》触《そく》法《ほう》

無《む》眼《げん》界《かい》　乃《ない》至《し》無《む》意《い》識《しき》界《かい》

生命には、鉱物のような不動の生命もあれば、植物のように静態の生命もあり、動物のように移動する生命もある。

しかし、こうした固体的生命というものは、不安定なものである。つまり物質界というものは、このように不安定なものなのである。

これに比して、〝空〟の世界、実在界は、意識界であるから、非常に精妙な心的な世界である。

〝空〟の世界、すなわち魂、意識の中心、心の世界は、肉体の五官をとおしてみた現象界とは、全く異なっているということを説いているのです。

「これゆえに、実在界、空の世界、すなわち心の世界は、色すなわち物質的な万物もない、想行識を受けることもない。眼によって万生万物を見たり、声を聞くことも、鼻で匂いを嗅ぐことも、舌で味を知ることも、身で感触を知ることも、肉体的な現象の法もない。眼で見える境界もない」

と否定している経文です。

現在、私達の肉体的な舟についている付属品である、眼耳鼻舌身意の六根は、実在界という次元の異なった世界へ持って行くことはできない。だから、肉体の一切をとおして感知できる現象は否定して、ないという否定の意味です。

これは、〝空〟の世界、実在の世界は、精妙な非物質的な世界である、という説明ともなっているのです。

現象界の大自然は、物質であり、鉱物、植物、動物が相互関係を保って共存しているということは前に述べましたが、詳しくは、この地球上には、鉱物のように成長せず、風化して変化している不動的な生命もあれば、植物のように、同じ場所から移動せずに生命を保っている静態生命もあり、動物のように、生存する場所を自由意志によって変える動的生命もあるということです。

しかし、これらの不動的生命も静態生命も動的生命も、それぞれの環境に適応して安定しているかに見えますが、実は不安定な、固体的なものです。なぜなら、私達は、空中にある電波、紫外線、赤外線、X線、γ線、λ線のような熱線や放射線などを、自分の眼で確認することはできないからです。

大自然の万物は、ひとときでもその位置を保存することはできないし、今ある形を変えねば生きて行けないからです。

物質界というものは、このように、不安定で固体的な世界なのです。〝空〟の世界、実在界は、意識界であるから、非常に精妙で心的な世界です。

動的、静態、不動的な各生命も、実はこの非物質的な精妙な生命によって作り出されています。植物は植物としての意識生命によって、次元を越えた大自然が存在し、物質はエネルギーとしての不動的な生命としてあり、動物も意識生命としての存在があるのです。そしてそこは、この現象界のような、物質的光景ではないということです。

それゆえに、この現象界の諸現象をとおすような、想いや行動の心もありません。〝空〟の世界における意識の発達度合いは、この現象界と異なって、九〇％の表面意識が出ているため、他の考えはほとんど理解します。つまり、それだけに相互の意志の疎通はよいのです。

しかし、この現象界の人々は、五官六根をとおしての判断によって、行動したり考えたりしているのです。

実在界では、この逆で、すべての現象を、心で感知します。自分の思ったことがすぐ他人に通じるし、おのれの不自然な想念も表に出るので、ただちに反省、修正してしまえるのです。

これがここに説く、〝空〟の世界、実在界というところの実体なのです。

つまりいえることは、現代社会の不調和な混乱は、人間がこの神の子としての本性を失い、心の偉大な普遍的な王国を忘れ、肉体舟の五官六根のままに生活して、物質経済の奴隷になり下がっているところにある、ということです。

足ることを忘れ、欲望の中で、盲目の人生を送っているからです。すべてそれは、肉体が絶対だと思うあまり、知識と肉体的なものに片よって、心の中のゆとりを失っているからなのです。

偉大な普遍的な魂、その中心である心の存在を、しっかりと認識したならば、こんな混乱は生じないでしょう。魂を失った人々は、互いに人の心が解らなくなり、自分本位に陥って、小さな自分に成り下がっているのです。人類はみな兄弟だということを忘れて、互いに信頼することなく混乱した社会を作り出しているのです。

本来、この地上界の一物たりとも、自分の所有物というものはありません。

この世を去るときには、すべて置いて帰らなくてはならないのだ、ということを悟ったなら執着が生まれてくるわけはないのです。

国土とかわが土地とかいうものの所有権は、人間の永い歴史的な環境が作り出したものので、子孫に受けつがれただけです。神の身体の一部分を占有しているにすぎないものなのです。

だから、社会人類のために、有意義に使用すべきです。経済もまた、人間の生活の智慧が作り出したものだということを忘れてはならないでしょう。

不平等な、あらゆる環境を作り出したのは人間、その人々なのです。人生がこの世限りではないということを悟ったならば、この地球上を、人類のために、平等な立場で利用すべきだということが神理なのです。

無無明《むむみょう》　亦無無明尽《やくむむみょうじん》　乃至無老死《ないしむろうし》

亦無老死尽《やくむろうしじん》　無苦集滅道《むくしゅうめつどう》　無智亦無得《むちやくむとく》

以無所得故《いむしょとくこ》　菩提薩埵《ぼだいさった》　依般若波羅蜜多故《えはんにゃはらみたこ》

心無罣礙《しんむけいげ》　無罣礙故《むけいげこ》　無有恐怖《むうくふ》

遠離一切顛倒夢想《おんりいっさいてんどうむそう》　究竟涅槃《くきょうねはん》

公害は、実は、人間の意志と行動によって作り出されたものである。

一人一人の、心の想念によってできたものである。

従って、私達の、正しい生き方によってそれを消滅させることができる。

今、生活している、私達のこの場は、その豊かで広い、〝心〟を作り出すための〝学習の環境〟なのである。

そしてそれは、私達自身によって、選択された〝場〟なのだ。

無無明とは、否定の否定であり、迷いのない世界、ということになりましょう。ということは、明るい光明の世界ということです。

実在界〝空〟の世界は、光明に満ちているということです。

亦無無明尽とは、光明の尽きることもない、ということで、無限の光明に満ち満ちているということです。

この地球上の空《そら》は、地球の水が太陽熱や地熱によって蒸発して曇りを作り、太陽の熱や光をさえぎりますが、しかし雲の上は、真青な大空で、太陽の光はさんさんとその雲の上にそそいでいるのです。

地上界では、最近はスモッグという人間の知恵の作り出した公害が問題になっているが、この公害は、人間の意志と行動によって消滅させることはできるものです。

そして〝空〟の世界は、その場所に住む者達の心の霊囲気が調和されて精妙になっているため、神の光をさえぎるものがないのです。

そこでは、光明が満ち満ち、光明の尽きることのない無限の力が存在しているということです。

〝空〟の世界、実在の世界は、老いたり死んだりすることのない世界です。老いるとか死ぬという現象は、地球上の肉体舟の有限の世界に存在するものであるし、そこでは、そうした現象は起こらないのです。

物質的な固体的な環境ではないからです。そこは、精妙の世界であるため不変であり、永遠の世界といえるでしょう。

しかしいつの日か、そこにいる光子体は、この地球や他の天体の環境に適応した肉体舟に乗って、また行くのです。魂の修行と、その環境を、人々の心と心の調和によるユートピア建設のためにです。そして、肉体舟はまたその物質界の大自然の中に還元されてしまい、形を変えてしまうのです。

〝空〟の世界は、このように苦しみの原因となる、生老病死ということはないのです。物質的な肉体舟に乗ってはいないし、意識の段階が精妙化しているため、苦しみの原因を集めて滅する道も必要としないのです。

この現象界における皆さんは、肉体舟の先祖代々をとおして保存されているため、その生まれた環境や教育、思想、習慣などによって、ものの考え方が異なっています。そして、五官をとおして、諸現象を感知するので、心の中に曇りを作り、盲目の人生を歩み、正しい心の物差しを失ってしまうのです。

その結果、自ら苦しみを作り出して、人生を無意味に送ってしまう者が多いといえます。その不調和から心の曇りをとり除く、苦集滅道の神理を悟って実践することが、だから必要となってくるのだ、といえましょう。

無智亦無得　以無所得故。

〝空〟すなわち実在の世界においては、あたかも太陽が現象界の万生万物に、平等な慈愛の熱光のエネルギーをそそいでいながら私達に光熱代を請求しないように、宇宙即我と自覚しているから、所得を得る必要がありません。

所得を得るための知恵も必要がありません。

それは、内在されている神の心、慈悲、愛の偉大な智慧の宝庫が開かれているため、現象界〝色〟の世界のように、苦楽の中で、新しい学習によって智慧を豊かにする必要がないのです。

実在界に帰っている天使や光の天使達は、すべて心の広さによって、広大無辺の大慈悲を持っています。そして、すべての者は兄弟であり、大宇宙はすべておのれであるということを悟っているのです。

それゆえに、〝空〟の世界では、相互の理解と信頼が当然なこととして自覚され、実現されているから、完全に調和のとれたユートピアの世界です。

地上界で生活している者達の意識は、ほとんど九〇%が潜在して、過去世で体験したあらゆる智慧が内在され、わずか一〇%の表面意識により新しい学習を体験し、豊かな心を作り出すために人生修行をしているから、盲目になりがちなのです。

肉体的な五官六根によって、客観的にとらえたあらゆる事象に迷わされてしまい、そこに自ら苦しみを作り出してしまうのです。

しかし実在界では、現象界とは違い、その表面意識は九〇%で、過去世のあらゆる人生体験の智慧の宝庫が開かれています。そのため、人智とは違って、小細工もしないし、他の天使や光の天使の心の中は、相互に解っているから、自己保存や自我我欲の心はないのです。

現象界のように、おれの国だ、おれの地所だといった心はないということです。

他の天体から見たら小さな地球という枠の中で相争い、骨肉をけずっているということは、まことにおろかしいことです。

〝空〟の世界に帰るときには、〝色〟の世界で、これは自分の国だ、自分の土地だと思っていた一切の財産を持って帰ることができないのです。

ということは、〝色〟の世界である地球に存在している一切の物は、本来、絶対に、おれの物だというものは存在していないのです。

一時、自分自身の物だと思い違いしているだけで、借り物にすぎないのです。

大事にしていた自分の肉体だと思っていたものでさえ、人生航路の乗り舟として捨てて帰らなくてはならないのです。それは、〝色〟の世界のものだからです。

それでも、人間は、執着心から離れることができないのです。

本当の自分を忘れて、物にとらわれているそのとらわれが、一切の苦しみを作り出しているのです。

しかし、実在界の天使達は、一切の欲望から離れているために、所得を得ることがないし考えることもありません。

それどころか、より豊かな広い心の進化を作り出して、現象界の世界を、調和された環境に完成させるための協力を、常に惜しみなく与えているのです。

この慈悲や愛を、盲目の人類は心の窓を開かないために解ってはいないのです。

人類が幸福になるための協力をしている光の天使達は、決して報酬を求めないため、何の所得もないのです――丁度それは、あの太陽のようにです。

〝空〟の世界、実在の世界の光の天使達は、大宇宙生命の中にとけこんでいる生命ですが、その中で一人一人の個の生命を自覚し、各自が個性を持っているのです。

丁度、大海にそそいでいる水のように、ひとつに集まる水の、実は粒子H_2Oの個性のようにです。

現象界で、両親の縁によって戴いた人生航路の肉体舟の船頭、すなわち普遍的な私達の魂も、大宇宙生命の中に、今生きているのです。

それぞれの個性を持って――。

永遠の転生輪廻の過程において、〝色〟の世界で、今、その魂は人生修行の途上にあるのです。

もっとも不安定な、粗悪な固定的、物質界〝色〟の現象界の肉体舟に乗ってしまうと、生まれた環境や習慣や教育や思想によって、人は盲目の人生を送り、生かされて在る環境に心を向けることを忘れ、大自然の恵みに感謝することもなく、両親すらもないがしろにして、自我の道を突っ走って行きます。

感謝の心がないから、報恩の行為も現われてはこないのです。

しかし、全人類は、みな神の子として、兄弟であり、その時代の同期生だということを知り、手をとり合って相互の信頼の上に立っていれば、現代社会の人心に混乱はないのです。

親と子、夫と妻、教師と生徒、労使間など、誤った自我の思想が、人々の心を惑わしているのだといえましょう。惑わされているということは、正道を忘れ去った人々の傲りであり、すべてに足ることを忘れた人間の末路であるといえましょう。

それを救うには、執着心を捨てて、欲望の奴隷から自分自身を解放すること、それが先決なのです。

一人一人が心の偉大さに眼覚め、神の子としての本来の品性を悟ったならば、光明の道はおのずからそこに開けましょう。

私達は、〝空〟の世界、実在の世界からきた魂なのです。そして、今は、肉体舟に乗って生きています。なのに、かつて自分が、その環境を、望み選んで現象界へ出た、ということを忘れ去ってしまっているのです。

つまり生まれた環境や、地位や名誉や財産や、貧富の差や学歴の差などといったものはその人の人格を現わすバロメーターではないのです。

今生活しているこの場は、豊かな広い心を作り出すための、学習の環境なのです。自分の望んだ修行の場なのです。私達はそのことを忘れてはなりません。

そして、自らの希望によって、その縁によって、私達が作り出されている、ということを知ったならば、その環境の中で、相互の関係を良く理解し、信頼を持って生活することが大切といえます。

相互に偽りの心と行為を捨てて、平等な立場の中で、それぞれの生活の部門の担当を、充分に果たすことが必要だろう、ということです。

より慈愛に満ちた人々と心の交流をはかり、貧しい人々に愛の手を差しのべる、といった豊かな心と行ないが、つまりその者達の人格を決定する、といえるのです。

丸い豊かな心の広さが、本当の人格者といえる人を作るのです。

いかに社会的地位があり、学識経験があり、経済力が豊かでも、自らの欲望に足ることを知らない者達は、貧しい心の持主であり、形にとらわれている憐れな者、としかいいようがありません。

謙虚な心を失い、他人を見下し、増上慢の心を持っている人は、やがて自らを苦しみの中に没落させて行く者達なのです。

心の中にスモッグを作って暗い心を包み、感情や理性に歪みを作り、偉大な神の光をさえぎってしまうからそうなるのです。

心は、地獄に通じ、自らの安らぎを放棄した憐れな人達です。

たとえ財産がなくとも、地位がなくとも生活に足ることを知り、友達に信頼され、心にひっかかりがなく、良く他人の面倒を見、家庭にも相互の信頼を築いた人は平和で、生活に不満を持っていません。

このような人々こそ、富める心の人というのです。

心の中に、恨み、そしり、怒り、自己保存の心がないため、スモッグがないから、光明に包まれています。安らぎの境地に生きている者達は、常に心は光の天使達の世界に通じているため、慈愛に富み偽りがありません。

所得の高さの差によって、心の貧富を定めるべきではないのです。

朝は健康で、調和される環境を作り出すために智慧を働かし、希望に満ちて、昼は自らの仕事に精進、努力を怠ることなく、夕は一家団らんの楽しい夕餉をとり、夜は一日の反省と休養の時間が与えられているのです。

人間は、なぜ不満の心を持つのでしょうか。

欲望への執着心を捨て、悪心にとらわれない道によって、足ることを悟り、心の貧しい人々には正しい片よりのない正道を物差しとして導き、心の革命を起こしてその心と行為を正したとき、人間から不満の心は消え去ることでしょう。

不満は、しかし常に人々の心の中に影のようにつきまとっているものです。正法、正道の、光明の道を歩んだとき、その影は、人間の心の中から消え失せてしまうことでしょう。

般若波羅蜜多によって、菩提薩埵になったのは、こうした、実在界の光明によるもので、その意味は、「正しく見、正しく思い、正しく語り、正しく仕事をし、正しく生活をし、正しく道に精進をし、正しく念じ、正しく定に入る八正道の生活をし、片よりのない中道の物差しで心と行ないを反省し、その曇りをとり除くことにより神仏の光明に満たされれば、実在界の光の天使達が、正しい人生の道を教え導くようになり、心の窓が開かれると、はっきりと空・実在界の光の天使達の姿を見ることができるようになり、話もできるようになって行く。

そして、人々の心に人生の意義と価値を教え、迷える衆生を救済して無償の道を歩んで行くことができるようになる。また、心の中に潜在している過去世の体験、偉大な智慧がよみがえり、悟りの境地に到達して悟られた方は」ということになりましょう。

心無罣礙　無罣礙故　無有恐怖とは、

「心にはひっかかりがない。ひっかかりがないから、恐怖心もないのである」

ということになりますが、ひっかかりがないということは、つまり、心の苦しみの原因を作らないことだ、といえましょう。

心の窓を開く、ということは、何のこだわりもなく、豊かに、丸い心を持ち、おそれるところもなく生きるということでしょう。

遠離一切顚倒夢想　究竟涅槃とは、

「一切の、夢のような顚倒した考え方を、遠くに離して、つまるところは最終的な悟りに入る」

という意味になりますが、私達が五官でとらえたものと違って、心の世界、心の眼でとらえた、一切の執着を離れた世界ですから、これは精妙で平和な安らぎのある光景を説明しています。

これは、全く心の曇りがないため、光明が尽きることのない世界になっています。

良く仏像や仏画を見ると、後光の出ているのを見かけますが、これは、生きている人々にも出ているものです。この後光は、淡い金色をしています。心と行ないが正法にかなった人の心の調和度に比例した光で、その光に包まれた人は、安らぎの心を持ち、一切の執着心から離れていることを証明しています。

しかし、怒り、恨み、嫉み、そしりの心や、増上慢な心つまり天狗になってしまうと、心に曇りが生じ、その光は消えてしまいます。

地球上における不自然なスモッグは、不調和な曇りで太陽の光をさえぎるが、私達の心も同じことです。

人生の目的や使命を知ることはむずかしいものです。しかし、このことを知った人は、生きる喜びを知り、感謝し、報恩の行為を実践します。そこには、自己保存も自我我欲もなく、不自然な闘争も破壊もないのです。

このため、心は安らぎ、常に平和な生活を送っています。

苦楽の原因は、五官と心が作り出しているということを知って欲しいと思います。

一日一日の生活を反省しているとき、外界が真暗であっても、私達は、瞑想中に、眼の前が淡い金色の光におおわれていることを知るのです。

これが、光明の世界です。

光明の世界は、次元を超えた世界で私達は、心を調和することによって実在界の光明の世界と意識が同調して、あの世を見ることができるのです。

そして、その世界も、その人々の心の調和度に比例したそれぞれの世界が存在します。

つまり、不調和な人生を送った人々には暗黒の地獄界が展開されているといったふうに、実在界には、はっきりとした心の段階があるのです。

しかし、現象界を去った私達を、神仏がその調和度に応じて天上界へ送ったり、地獄界に堕としたりするのではありません。

この世で、どんな生活をしたか——その自分自身の想念と行為の総決算が、自らにふさわしい霊囲気に導く、ということです。

この光明の世界は、しかし今のような経済奴隷に成り下がった人達にはとうてい体験することはできないといっていいと思います。

導体に電流をとおすとき、その導体に抵抗が多いと、電気のエネルギーは、熱エネルギーに変わってしまいます。特に、ニクロム線のような導体は、熱エネルギーに変わりやすいのです。

これは、河川における水の流れと同じといえましょう。

電流も、銅や銀や金の場合は、抵抗が少なくひっかかりがありません。それは、電流が素直に流れるからです。

私達の心も、そのように、不調和な抵抗を作り出してしまうと、苦しみや悲しみを作り出してしまうといえます。

導体の抵抗が熱エネルギーに変わり、導体が熔けてしまうことがあります。熔けてしまうと電灯は消えて暗闇になってしまいます。

人間は、暗闇になってしまうと、一寸先も見えないし、どんな危険物があるかも解らず、そのために恐怖心さえ生まれてきます。

導体が電流を流しても安全であれば、ひっかかりがないため、暗闇による恐怖にさらされることもないでしょう。

つまりこれは、心の原理と同じものなのです。

悟った者達は従って、心が調和されているため、心にひっかかりがなく、一切の恐怖心もないから、光明のある、執着のない終局の悟りの世界を得ている、といえるのです。

三世諸仏《さんぜしょぶつ》　依般若波羅蜜多故《えはんにゃはらみたこ》
得阿耨多羅三藐三菩提《とくあのくたらさんみゃくさんぼだい》　故智般若波羅蜜多《こちはんにゃはらみた》
是大神呪《ぜだいしんしゅ》　是大明呪《ぜだいみょうしゅ》　是無上呪《ぜむじょうしゅ》
是無等等呪《ぜむとうどうしゅ》　能除一切苦《のうじょいっさいく》　真実不虚《しんじつふこ》
故説般若波羅蜜多呪《こせつはんにゃはらみたしゅ》　即説呪曰《そくせつしゅわつ》
羯諦羯諦《ぎゃていぎゃてい》　波羅羯諦《はらぎゃてい》
波羅僧羯諦《はらそうぎゃてい》　菩提薩婆訶《ぼうじそわか》
般若心経《はんにゃしんぎょう》

過去・現在・未来という三世を、あなたはどう生きるか。
転生輪廻を、どう生きねばならないか。
智慧の宝庫は、どうやったら開かれるか。
そして、光明ある彼岸に到達するには、どうすべきか。

過去、現在、未来という三世における、悟った方は、転生輪廻の過程で体験した人生の価値ある智慧の宝庫の扉を開かれた方々です。

つまりそのために、阿耨多羅三藐三菩提（アーヌクタラー・サンミャク・サンボデー）という最高の悟りを得たというわけです。

最高の悟りを得たから、内在される仏智を知ることができた、ともいえます。

是大神呪とは、これこそ大宇宙を支配している大神霊の神理であり、**是大明呪**である。すなわち、これこそ大神霊より与えられている大光明の神理であり、**是無上呪**であり、つまりこれ以上の神理はないということです。

是無等等呪であり、すなわちこれと比較するに等しい神理はない、ということです。

能除一切苦、**真実不虚**とは、良く一切の苦しみを、人生の生老病死を原因として生ずる苦しみを除き、真実であって、偽りではない。

故説般若波羅蜜多呪　**即説呪曰**それゆえに、般若波羅蜜多の神理を説き、実践したのちに、

羯諦　羯諦　波羅羯諦　波羅僧羯諦　菩提薩婆訶

悟りの彼岸に到達しよう、ということになります。

カーティ、カーティ、パラーカーティ、パラーサンカーティ、ボデースバハー、と読みますが、カーティとは彼岸という言葉で、パラーは、到達するとか、行くという意味になります。

サンとは比丘、比丘尼すなわちサロモン・サマナーということです。ボデーとは悟りをいい、スバハーは成就するとか、一切成り立つという言葉です。これをとおして、今日ふうに訳しますと、

「彼の岸、彼の岸、彼の岸に行こう。比丘、比丘尼達も、悟りの彼岸に到達して、一切を成就しよう」

という意味になりましょう。

第二章　宗教と科学

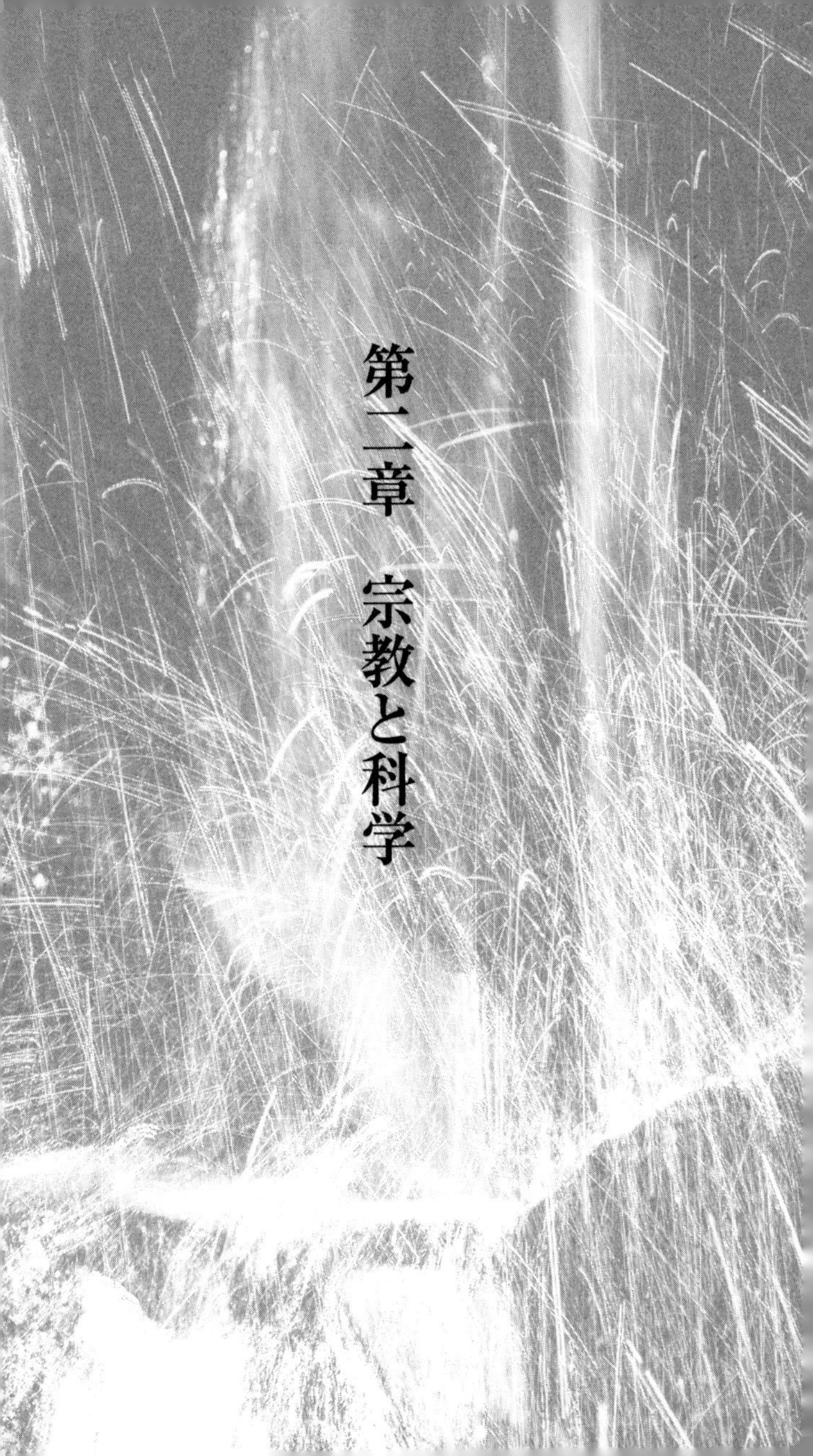

〝宗教と科学〟とは別のものではない。

〝物質の原理〟の中に、〝非物質の原理〟もまたひそんでいる。

あなたの、今の〝その仕事をなし得るエネルギー〟がそのことを証明する。

〝色心不二〟この言葉の意、物質とエネルギーも不二一体だという意味もまた存在する。

そしてそれは、そのまま〝人間の道〟でもあるのだ。

心と意識（魂）とはどういうものであるか

私達は、心という言葉を簡単に使っていますが、これはなかなかつかみにくいものです。そして、自らの心もつかめないのに、他人の心不在を良く指摘する人がいますが、人はその矛盾に気がつきません。

つまりそうした喪心現象があるから、心経を悟り、実践する必要性が生じる、といえるのです。

私は良く心の調和ということをいいますが、現世の人間関係が不調和だから、それを願う気持が大きく強いのです。

しかし、心の実体をつかみ得ない者が、それを願うことは不可能に近いことです。そこで、心とは、というその実態に迫ってみることにしましょう。

心経で教える、心とは、何でしょうか。

それは、私にいわせれば、魂即意識の中心なるものということになります。

魂・意識の存在を否定する人をもふくめて、人々に次の事実を説明してみましょう。

物質とエネルギー

今、私達の身近にある、ある物質についてまず考えてみましょう。

物質を物理的に定義づけると、「宇宙空間に体積と質量を持つもの」ということにな ります。つまり物質は、仕事をなし得る能力を持っているということです。そして質量エネルギーも不滅だというアインシュタインの相対性原理は、この事実を証明しているでしょう。

古典的な物理学においては、空間と時間の間に、エーテルの存在を媒体として論じていました。ところが、アインシュタインは、〝運動物体の電気力学〟と題する理論を発表し、物体の静質量とエネルギーとの関係を導き出し、空間と時間の相対性を論じました。

これは、科学的にも哲学的にも一大改革をもたらしましたが、さらに、一九〇五年に発表された特殊相対性理論は、空間および時間からなる四次元（物理的次元）への飛躍の可能性を示しました。

仕事をなし得る能力、すなわちエネルギーを、私達の五官で知ることはできないでしょう。しかし、物質はその能力を持っているのです。

眼に見える物質と、見えない能力、このことははっきり解りますし、それが共存している事実も、こんな簡単な実証で否定はできないことです。

物質の次元と、エネルギーの次元の存在を認めざるを得ないわけになります。

このことは、私達の肉体、すなわち物質と、意識魂つまりエネルギーの存在を否定できない論拠にもなります。

私達は、肉体的物質界の次元以外に、他次元の世界、すなわち意識界を持っているのです。そして、肉体と意識は一体になって私達は形成されている、というわけです。

しかし現世における物質界、すなわち現象界のすべては、無常なもので、形あるものは崩れ去り、現状を継続することはできないのです。

人間の肉体も、いつの日にか滅びてしまいます。しかし、肉体は滅びても魂・意識は滅びないのです。

というのは、エネルギー不滅の法則によってみれば、形を変えたにすぎないからです。

物質の二酸化炭素を考えてみましょう。

私達の肉体舟が亡びると、燃焼されても、腐敗しても、二酸化炭素となって空中に、ある物質の一部分は土に化してしまいます。

空中の二酸化炭素は、植物が吸収し、土の中から吸い上げた水とともに、緑色の葉が太陽の光合成によって、澱粉や蛋白質、脂肪、糖分などを作り、生長の資としています。動物は、この植物を食べて、栄養源として生存をしています。万生万物、このように、相互の関係があって、調和されているのです。

二酸化炭素も、同様に輪廻を続けているのです。

この輪廻も、熱や圧力その他の〝縁〟によって存在しているということを忘れてはならないでしょう。

私達人間は、この地球上の現象界に適応した肉体舟を、神より与えられている本能による、先祖代々をとおした縁によって、受け継がれてきたのです。

この舟の船頭こそ、魂であり、永遠に変わらない私達の意識ということです。

その魂は、肉体舟が使用不能になると、新しい他次元の肉体舟に乗って、意識界、つまり実在界（あの世の天上界）へ帰って行くのです。

ここに、生と死の問題が存在する、といえます。こうした、意識の中心、魂の中心が〝心〟なのです。

心は丸いものである

心と行ないを正して、毎日の生活を積み重ねた人々は、心の曇りがとり除かれ、心眼を得ることができます。

その人達によって心に形があることが確認されるのです。神理を悟って生活をしている人達は、心の窓が開かれて、他人の心を見ることができます。そうした数万人の人々を対象に見た心の形態が、全く同じ結果であったという事実を私は否定できないのです。

生まれたばかりの赤児は、誰も丸く豊かな心を持って光明に満ちています。

この丸い豊かな心も、自我我欲の煩悩が芽生えるに従って、歪みを作り出して行きます。苦楽を作り出して行くということです。

丸い豊かな心は、丁度、風船玉のように、感情の領域、本能の領域、智性の領域、理性の領域、そして中心に想念の領域、肉体行動につながる意志の領域に区分されています。

私達は、三次元を越えた世界、意識界から、この地球上という環境に生まれてきましたが、肉体舟の五官、眼耳鼻舌身に物ごとの判断をゆだね、船頭である心をとおして正しい判別をして生きることが、大切といえます。

ところが、生まれた環境、教育、思想、習慣、自我我欲によって正しい心の物差しが失われてゆくため、人生の目的と使命を忘れがちになってしまうのです。

足ることを忘れ去った欲望の数々、偽善、天狗の心、恨み、そしり、怒り、貧しい心、増上慢、ひぼう、自己保存、愛欲、無慈悲、の想念と行為は、必ず心に歪みを作り出してしまうものです。

歪みは心の曇りを作り、神の慈悲の光をさえぎり、苦しみを作り出してしまいます。

神の慈愛の光は、万生万物、平等に与えられているのだが、人それぞれの心の状態によって変わってくるものなのです。

仏像の後光――心の形

心が丸く豊かで、片よりのない生活をしている人々の身体からは、柔らかい黄金色の光が、丁度カプセルをかぶせたように出ています。

過去世において、広い心を作り出された者達が、現世でさらに正道を実践した結果、見られる光で、それは如来像に見られるような後光です。

それも、心と行ないの状態によって、光の量が違ってくるものなのです。そして、この後光は、やがて帰らなくてはならないあの世の肉体だ、ということです。

光の量によって、生活の環境が異なってくる、それがあの世の仕組みといえましょう。

心が豊かで広い者達は、光子量が多いため上段階であり、暗い者達は、その暗さに比例した世界が存在するということです。

それも、すべて、人生において学んだあらゆる学習をとおしての成果であり、その基準はいかに正しく片よりのない人生を送り、豊かな心を作り出したか、ということにかかわってきます。

豊かな心とは、自らの生活行為をとおして、自分の心と行ないを調和するもので、太陽の熱光《ねつひかり》が、慈悲を大自然万物万生に平等に与えても何ら光熱代を請求しないように、社会人類のために、この感謝にいかにむくいて人類の大調和のために尽くしたか、ということが心を豊かにする重要な学習だということでしょう。

ところが、この現象界に生まれてしまうと、私達は、表面意識が一〇%くらいなので、他人の思っていることや過去世のことなど解らなくなってしまっているのです。

生まれたときは一〇〇%近くが潜在意識となった白紙の状態でスタートを切り、徐々に、本能の部分から表面意識が発達して表に現われてくるのです。

九〇%が潜在して、その中に転生輪廻の秘密が閉ざされてしまうのです。

この宝庫の扉を開く鍵が、正しい片よりのない八正道ということです。

正しく見る
正しく思う

正しく語る
正しく仕事をする
正しく生活する
正しく道に精進する
正しく念ずる
正しく定に入る

これを、日常生活の中で実践することが、心を丸く豊かにし、一切の執着から離れて足ることを知り、大自然の恵みに感謝し、目上の人を敬い、両親に対しても感謝して孝行をし、生活のできる環境に感謝する心になる、ということです。

法を知り感謝の心を得れば、人は報恩という行為によって示すことが当然の道だと思うようになります。

しかし、現代社会の仕組みを見たとき、そこには、親子の不調和、労使の闘争、師弟の断絶など、どこに感謝の心があり、どこに報恩の行為がある、といえましょうか。

人間が生活の智慧として作り出してきた、物質文明、そして経済機構のため、自分自身が奴隷となり下がってしまっているではありませんか。

〝心〟の尊厳がないのです。

資本主義もマルクス主義も、物質と経済が根本にあって、〝心〟を見出すことはできません。その結果、不調和な公害を作り出して肉体の保存すらむずかしい現状です。

心を失なった物質文明は、人類自らの生きる道を閉ざしてしまうでしょう。

神が与えてくれた大自然には、スモッグはなかったはずです。このスモッグが、光化学スモッグをも生み、太陽の正しい熱光をあるいは変え、あるいは閉ざしてしまっているのです。

人間の心の損失もまた同様に、自らの心にスモッグを作り、丸い心に歪みを作って、神の光をさえぎってしまっています。

相手を考えないで、一方的な主張をしたり、自分さえ良ければいいといった人間が増え、互いが互いに苦しみの道を辿っているといえるのです。

図式的に見れば、丸い心の中で、感情の領域がふくらんだり、理性の領域がひっこん

心の断面図

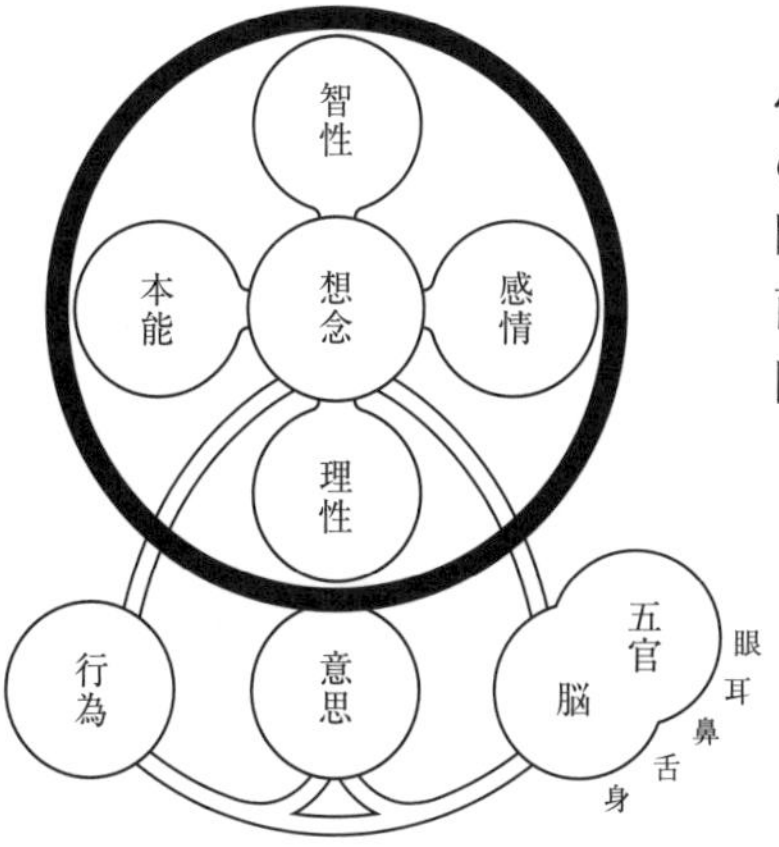

だりして、心は変形してしまっています。こんなことで、正しい判断ができるでしょうか。

怒りの状態は、自己保存の姿です。そんな、感情が爆発している状態で、正しく見たり、正しく語ったり、正しく聞くことができるでしょうか。

自己中心の考え方、在り方では、正しく片よりのない判断は無理としかいえません。人間は、やはり、丸い心を常に保っていなければならないのです。

また図式的にいえば、感情の領域と本能の領域がふくらんで、智性も理性も小さくなってしまったら、果たして正しい判断ができるでしょうか。

ハート形では、丸いとはいえないはずです。

たとえば、恋愛感情が芽生えてくるときの心の姿は、相手のあばたもえくぼに見えてしまうということで、歪んでいるのです。

ひと眼惚れ、という心の動きを考えてみても、相手の社会的地位とか、身分とか、性格とか学校の成績とか、客観的に何ごともとらえることができず、智性の領域は全くしぼんでしまっているということです。

このような状態では、相手を正しく判断することは全くできません。

嬉しいとき、悲しいとき、私達の心は、その感情の起伏をはげしくします。そのとき胸にこみ上げてくるもの、これは何でしょうか。すべて心の中の感情の領域のなせることなのです。

胸がこみ上げてから泪があふれてくるのです。泪だけ出して泣くのは、ソラ泪というわけで、心の動きは、必ず肉体舟の機能をともなうというわけです。

真実の心の働き、これがやはり大切です。間違っても、悪感情を持ってはならないのです。

そしてそのように、心の歪みはまた、当然肉体舟に影響してきます。精神的疲労は、心の形を歪ませるということです。

肉体労働で疲労したときならば、仕事をしてエネルギーを消耗したのですから、うなずける疲労ですが、精神的な不調和によって疲れるということは、不思議ではありませんか。

つまりそこに、心がある、ということであり、歪みが、悩みになっているという証左ということなのです。

船頭、つまり魂が疲労すれば、舟は風まかせ、波まかせとなり、当然目的地につくことはないし、無意味な苦しみと彷徨をつづけるということになるのです。

心と肉体は、不二一体、ということが、この事実によっても知ることができましょう。

記憶の倉庫ではない頭脳

私達の五体は、自分の意志によって行動しているが、一旦、眠ってしまえば、鼻の穴があいていても、耳の穴があいていても、眠りを妨げない限り、聴覚も嗅覚も、その神経は全く作用していないし、記憶もないはずです。

それは、肉体舟から、船頭である意識・魂が離れているからです。

船頭は、肉体舟が生きている限り、そこに帰ることができるが、霊子線ともいうべき、意識、魂と肉体を結んでいる線が切れると同時に、もはや肉体を支配することはできなくなります。

死、です。

肉体と同体になっている光子体ともいうべき新しい肉体、もう一人の肉体の舟が分離して、次元の異なるあの世の住人になってしまうのです。

この新しい肉体に乗っているのが、意識であり、魂ということです。

この事実は、心眼で観ればはっきりと確認できるのです。

現在の肉体と同居しているもう一人の自分の意識、それが一切のことを記憶しているのです。大脳に生じる脳波の振動が、肉体の支配者である意識に、通信されているということです。

そのため、心と行ないが調和されれば、内在された転生輪廻の過程が思い出されてくるというわけです。

ゴーダマ・シッタルダー・シャキャ・ムニ・プッタも、過去、現在、未来の三世を見とおして、〝法〟を説かれた覚者なのです。

過去世で説いた法を、自ら悟り、塵と埃りにまみれたバラモン教の聖典である、ヴェダー、ウパニシャドの誤っている点を正し、末法と化した法の上につもった塵や埃りを払いに世に出たのでした。

イエス・キリストも同じ使命を持って、失われた人々の心に〝愛〟を説き、病める衆生を救ったのです。

そしてやはり心の窓が開かれていたため、実在界の光の天使（菩薩）、上段階光の大指導霊（如来）から直接指導を受けて、神の子としての心の在り方、生活の仕方を説いて、衆生を救済したのでした。

イエスの弟子達も、ゴーダマ・シッタルダー・シャキャ・ムニ・ブッタの弟子達も、転生輪廻の過程において、みな同じ生命のグループだということです。

宗教と科学とは別のものではない

色心不二、であるにもかかわらず、宗教と科学を別のもののように考えている人が多いといえます。

それは、他力信仰で、人間が心を失ったところに、混乱した社会が形成されてしまったということです。

神仏は、決して遠いところにあるのではなく、私達の心の世界、もっとも身近な自分自身の中にあるのです。

相対性理論で、色心不二を次のように説明しています。

そのことをまず、プランク常数hから考えてみましょう。これは、物質とエネルギーとの相対的な関係を解いたものです。

エネルギーは、まず仕事をなし得る能力です。そして物質は、粒子の集中固定化したもので、宇宙空間に、その体積と質量を有しているものです。

集中と分散の縁生は、熱や圧力、電磁力、その他の力の作用を受けて変化しています。この事実を、プランクのエネルギー粒子のhが、集中して固定化され、振動もなくなった状態、これが物質でしょう。

つまり、E＝hν における振動数が、ゼロになっている状態なのです。

振動数νは、$E/h = \nu$ が証明しているように、粒子の数そのものでしょう。つまり、集中固体化と分散の変化も、エネルギーという、眼に見えない存在があるし、現象化されているはずだ、というわけです。

これを、肉体と心になおして考えてみても、心は働きを現わす能力で、肉体は物質といい換えられましょう。

働きを現わす能力がなくては、そのものの働きは現われないでしょう。

眠っているときに、私達の心の働きはあるでしょうか。意志を持って肉体的行動ができるでしょうか。

それは、できないことなのです。

肉体舟は、確かに心臓を中心として、各器官は活動しているが、この舟が自由に行動する能力を持ってはいないのです。

私はここに、次元を越えた、〝空〟の存在を確認するし、その存在を否定することはできないのです。

これが意識界の存在で、現象界と次元を越えた四次元以降の世界である、ということです。

色心《しきしん》不《ふ》二《じ》、色不異空、という問題を考えてみれば、色と心はふたつではないというい方と、色は空とは異なってはいないという言葉に違いがあるでしょうか。

空と心とは、一体ということです。

その空が、むなしいということは、どういう考え方によるのだろうか、と思うわけです。

むなしいところから物質の存在が生まれるはずはないし、むなしいところから私達の肉体舟が完成されるものでもないのです。

ましてや、あると思えばない、ないと思えばある、不可思議だと煙に巻いてしまうなどというのは、そんなところにありがたみがあるなどという仏教は、もはや末法の姿である、としかいいようがありません。

果たして、インドの古代において、ブッタは、このようなむずかしい言葉でブッタ・スートラを説いたでしょうか。シュドラー（奴隷）やヴェシャー（商工業者）の衆生が、現代の人々のように教養があったでしょうか。

無学文盲の人々に、むずかしいことをいったところで、解るはずがないのです。

法華経にしてもそうです。

今では、拝む題目になってしまっています。それも曼陀羅という対象物に……です。

それは、ブッタの滅後二五四五年の現在（AD一九七二年）をリレーで考えてみましょう。二千五百四十五人の人々を、十米間隔に立たせて、ブッタの説かれた法を、口伝えにしてみれば良く解ることでしょう。

たとえ途中の人が書きとめても、その中の意味は、解らなくなってしまうことでしょう。二千五百四十五人目になったら、ほとんど意味が通じなくなってしまっていることでしょう。

他力のみを信じている人々は、このように、教えを、実験してみてから否定すべきでしょう。

「泥沼の中に咲く美しい蓮の華、しかし水の底は、汚い泥沼だ。

諸々の衆生よ、そなた達の身体はどうだろうか。

眼は眼糞、鼻から鼻糞、耳からは耳糞、口からは歯糞、汗、ふけ、大小便……これはみな肉体舟の産物である。これは綺麗なものといえるだろうか。私達は、この汚れた肉体舟に執着を持って苦しみを作り出している。しかし、こんな汚れた泥沼のような肉体舟であっても、船頭である魂、その中心である心が、宇宙の法を悟って生活をしたならば、美しい蓮の華のように、丸く広い豊かな心になり、人々の心をいやし、安らぎの境地に到達することができるのだ」

とプッタが、慈愛の眼差しで道を説いている姿が、想像ができます。

ナラージュルナー（AD二世紀）は、バラモン種に生まれたのち、いいつたえられてきた仏教をまとめ、五つに分類したが、やはり自分で悟り得なかったためにブッタの時代に現われた霊的現象を除いてしまっています。

つまり、学問的に体系づけることで、かえって仏教を人々の心から離れたものにしてしまった、ということで、学問仏教によって、行ないがともなわなくなり、智だけが発達して心を失った仏教になってしまったということです。

その行ないを、ただ荒行という肉体行の方向に持って行ってしまい、本来日常活動の中にあるべき心と行ないの八正道を忘れ去ってしまったのです。

そして、中国の仏教や日本の仏教には、バラモンのヴェダー、ヨギースートラなど、仏教ではない密教までがその中に混合されてきてしまったのです。

もともと仏教には、秘法などというものはないはずです。

自力によって、自らの心を八正道の実践生活によって心の曇りを晴らせば、太陽の光が地上へ平等な熱光のエネルギーを与えているように、神の慈愛の光も、万生万物に平等に与えられているのです。

自力があってこそ、偉大な神の光によって満たされ、光の天使達の協力が得られるのだ、ということを忘れているのです。

〝空〟の世界こそ、実在の世界であり、すべてのものを作り出す根本だといえましょう。むなしい世界から生まれるものは、むなしいものでしかないでしょう。因果の法則によって現象化されるのです。人生とは、むなしいものではないのです。

人間が、欲望のとりこになってしまうから人生がむなしいものになってしまうのです。たとえば物質を考えてみても、その物理的な変化の上で、色は空に異ならないということが理解されるでしょう。

意識の次元は、物質の次元より高次元であることは否定できないのです。

先に述べたように、物質は、質量を持っている。

質量は、一般的には重さであるが、物理学的には、運動に対する抵抗ということです。

相対性理論では、物質の質量もエネルギーです。

集中固定化したエネルギーである質量を分散すれば、働きを現わして仕事をすることは間違いないといえます。

しかしエネルギーは、私達の心と同じように、眼で見ることはできない、次元の異なる存在です。そして同じ物質でも、私達の肉体は、有機質細胞集団として生長をする次元が高い存在です。

物質のエネルギーも、私達の心を包んでいる精妙な意識の次元からみれば、次元の低い存在にあることを否定できないでしょう。

しかし今論じている物質は、間違いなく質量が集中固定化したエネルギーであることは誤りではないでしょう。

物質がエネルギーで作られていることも実証されているはずです。

私達の肉体舟と同体になっている意識体、すなわち後光の出る肉体、光子体ともいわれている次元を越えて行くもう一人の肉体は、一般の人々には見えなくとも、厳然と存在しているのです。

しかし、これもその形態だけをとらえて判断するのはまことに危険です。それは、この現象界に適応して現われている肉体舟を見てその心を判断するようなものだからです。

現象として現われている形態だけが、絶対ではないからです。

万物の根元は、物質的な次元を越えた意識の次元にあり、精妙な実在界、〝空〟の存在があってこそ、物質的なエネルギーも肉体的なエネルギーの存在もあるといえるのです。

物質だけの問題をとり上げれば、質量はエネルギーだとする$E=MC^2$に証明されています。このEは、測定された仕事量です。

質量が単位グラムで表わされるMとC^2は、光の速度の二乗をかけたとき、Eエルグという仕事量をする、ということです。

光の速度は、地球の周りを、一秒間に七回り半の距離、すなわち299774Km/SeCで、一秒間に約三十万粁米と測定されている速度です。

ということは、エネルギーの粒子が膨張したり収縮したりする性質が、その速度です。エネルギーの粒子は、そうして膨張したり収縮したりして移り変わって進んでいますが、このくり返しの状態が振動であり、その動きのつたわり方が光の速度、ということです。

この振動がどうして起こるか、光の速度がどのようにして現われるのか、それも、エネルギー粒子の膨張と収縮の性質があるからです。

この性質が、〝空〟の実在の支配下に存在しているということを、私達は忘れているのです。

大宇宙におけるエネルギーのつたわり方が、光の速度Cで、光の速度Cを振動数νで割った値が、光の波長λということになりましょう。

$$\lambda = {}^{c}/_{\nu}$$

電波や熱線である紫外線、放射線は光ではないが、空間を動くもののすべてがエネルギーの動きであるから、光の速度に一致するということが解るでしょう。

光も電波も放射線も、エネルギー粒子の集中の数の差にすぎないといえるでしょう。

そして振動数は、エネルギー粒子の集まる数だといえましょう。

$E = h\nu$（振動数$= \nu$）ということです。

そして、物質の塊りにともなって認められるλは、プランク常数hを、物質の質量mに、光の速度Cをかけた値で割ったものに等しいという事実、$\lambda = {}^{h}/_{mc^2}$ということがあります。

mなる質量に、光の速度をかけると、物質の塊りの運動量となる、というわけです。

物質の塊りは、エネルギー粒子の集中固体化したもので、$\lambda = {}^{c}/_{\nu}$で、νは振動数、すなわち、エネルギー粒子の数ですから、

$\lambda = {}^{c}/_{\nu} = {}^{h}/_{mc}$となる。従って、

$h\nu = mc^2$であります。

この場合、$h\nu$は仕事であり、$E = mc^2$が働きを表わすエネルギー粒子の集中固体化している質量を、分散すれば、Ｅは仕事をなし得る能力ということです。

この式から一グラムの、集中固体化された物質を完全に分散すると、七百六十四Ｗ一馬力のモーターを、三千八百年間も回すことができる、仕事をなし得る能力となる、ということになりましょう。

色心不二、色即是空の根本法則は、こうして、科学で解明することも可能な、高次元の神理である、といえるでしょう。

次に、氷をとおして、縁生を考えてみることにしましょう。

水は、熱と圧力の縁によって、固体、液体、気体の相に変化しますが、まずそれは、水が、熱と圧力の縁によって、水の分子H_2Oと、H_2O粒子の膨張によって、空への水蒸気と変

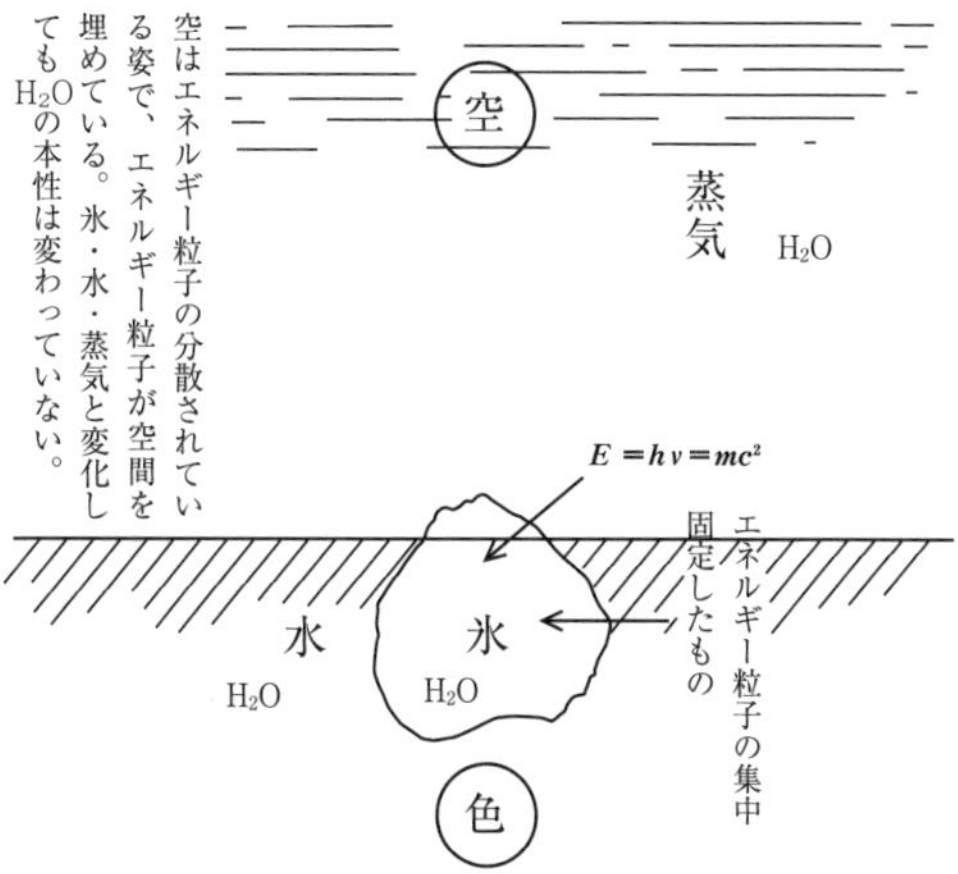

わるということがひとつあります。

一気圧で、百度になると水は気体になるということですが、それは空中に上昇するに従ってH_2Oの、h粒子が収縮してまた水となり、更に0度になると、h粒子（熱の粒子）が収縮して氷に変わってしまうという変化を持ちます。

私達は、水蒸気になった気体を、眼で確かめることはできません。しかし、存在しているのです。

熱粒子の縁によって、このh粒子が収縮するに従って、水蒸気の分子H_2Oは、他のH_2Oと集合体になり、やがて水と変わり、氷という固体となってゆくということ

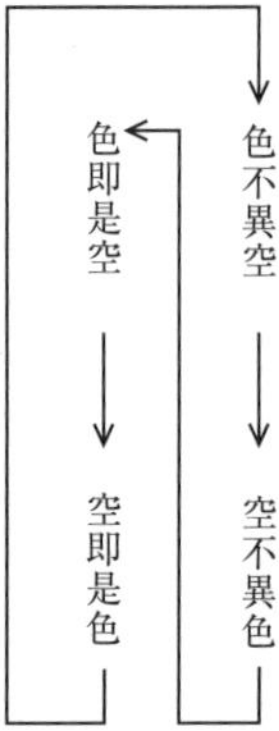
色不異空
空不異色
色即是空
空即是色

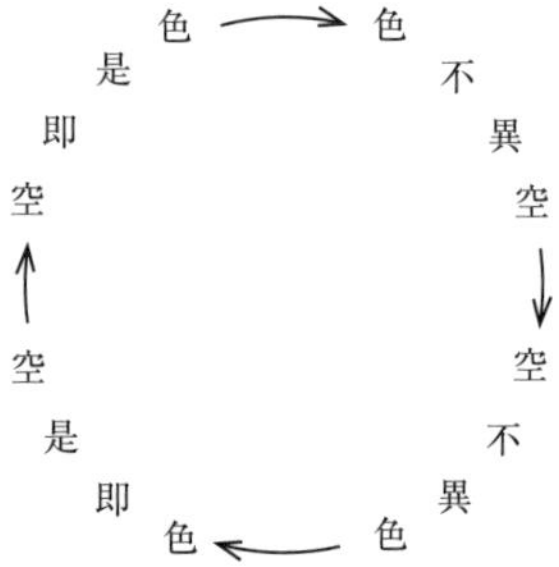
色不異空
空不異色
色即是空
空即是色

です。

つまり、〝空《くう》〟から、〝色《しき》〟に変わり、〝色〟から〝空〟に輪廻しているということがいえるのです。

だが、水の分子H_2Oの本性は変わってはいないのです。各個の分子、H_2Oは、永遠に変化してはいない、ということに着目すべきでしょう。

私達の魂、意識もこの神理と同じことです。次の事実が、永遠の生命だということを良く説明してくれるでしょう。

そして、なぜ、この図式の中で、二度ずつのくり返しが行なわれているか、という疑問も解けることでしょう。

生命で結んで行くと、切れ目がないでしょう。

つまり、色は空に異ならず、色はすなわちこれ空である。空はすなわちこれ色である。ということで、万物万生のある現象界から、そのすべてを作り出す実在の世界に、そしてまた現象の世界へと、ものみなが、永遠の輪廻をくり返している、ということが本当に良く解るでしょう。

なぜ、輪廻はくり返されるのか。

それは、私達の心が、肉体をとおして物を作り出し、また肉体をとおして心を豊かに作り出す、ということが、私達の、人生航路における、課せられた学習だからです。

この地上界に、両親の縁によって、人生航路を渡る肉体舟を提供され、完成されてゆくのは、神の意志によって与えられた本能であり、そこで魂を修行し、豊かな丸い心を作って、神体である宇宙に、平和なユートピアを築くために現われたのも、また神の意志によるものだからといえましょう。

私達は従って、神から、この現象界に適応した肉体舟を与えられ、子孫保存の環境が本能として与えられたということを、感謝しなくてはいけないのです。

〝空〟すなわち、この実在の存在が解らないために、むなしい言葉でそれを表現しても、それでは意味を知ることができるようにはならないということです。

〝空〟の世界を悟るには、まず八正道という、片よりのない中道の道を、生活の一秒一秒の積み重ねの中で行なわれねばならないのです。その努力によって心の窓は開かれ、五体からもう一人の光子体の自分が抜け出し、次元の異なった〝空〟の実在界に行き、そこで大指導霊、すなわち如来や菩薩達に会うことによって、はっきりと確認できることなのです。

それには、総ての執着心を捨て、欲望を捨て、生と死の間の迷いを超越することが大切です。

悟りが開ければ、天上界にいる生命の兄弟達や地獄界にいる肉体先祖達に会うこともできるのです。

いかに神前や仏前で経文を読誦しても、日常の心と行ないが正道を実践していない限り、悟りへの道に到ることはできないということです。悟りは、智や学問では、とても開けるものではありません。

経済学博士が事業をやれば、必ず成功するだろうか。失敗することのほうが多いのです。スポーツの評論家も同じでしょう。実践は、あくまで実践なのです。

いかに仏教が学問的に理解できても、自分自身の生活の中でその正道を実践していなければ、それは、絵に描いたボタ餅で、味わえない、ということは、もうお解りでしょう。

第三章　釈迦の誕生とバラモンの時代

この章は、ゴーダマ・ブッタ（釈迦）の、苦悩と反省と修行と、大悟へ到る絵巻物語である。

古代中印度・バラモンの時代における、真のブッタ誕生に到る魂の遍歴である。

おのれの過去からの脱出、悪魔との闘い、他宗門との質疑、そして光明の世界へ――。

衆生済度の歴史と、宗教に対する教えとが、この魂の旅人の心の中にある。

原始仏教の成立（般若波羅蜜多《パニャーパラーミター》への道）

今をさる二五四五年以前の頃のインドは、中印度地方を中心として、戦乱の時代でした。栄えていた諸国は、互いにしのぎを削り合っていましたが、同時に当時の社会は、きびしいカースト制度という、人種差別の封建社会でもあったのです。

バラモン、クシャトリヤ（武士階級）、ヴェシャー（商工業階級）、シュドラー（奴隷階級）という四段階に区分された階級が、人種差別を作り、貧富の差を作っていて、たとえば同じバラモン種の中でも、大バラモン種と一般のバラモン種では、雲泥の差があったということです。

バラモン種は、神の使いとして社会的地位を築いたが、自分達の環境を、神の名のもとに安全にしていたという事実は否定できません。

ヴェダーやウパニシャドというバラモン教典の歴史は、当時でも一七〇〇～一八〇〇年近くのそれを持っていたので、肉体的子孫の家系襲名は、日本における寺や檀家と似た形でした。また、神社と氏子といった関係でもあったので、バラモン種の権力は、大衆を足場とした大きな勢力となっていました。

智的な学問を学び、心がなくとも、文盲の衆生を神の名のもとに支配していたのです。衆生も、生まれたときからの生活環境や習慣によって、苦しみも、貧富の差も当然のように考えていたのでしょう。バラモン種に対しては尊敬の念を持ち、クシャトリヤ、ヴェシャー、シュドラーとともに、生活の中の相互関係によって結ばれていたのです。

バラモンは祭事を司り、弱い人間の心に神の存在を教え、迷える者を救済する方法として神の力に縋《すが》ることを教えたものです。

無学文盲の衆生から見れば、ありがたい教えに違いはなかったはずだし、神を信じる心は、現代人より素直であったと思われます。

そのために、指導者は、このようなバラモン種を特別に保護して、まつり上げてしまい、きびしい階級制度を作り出してしまったのでしょう。

バラモン種の家においては、生まれて十二歳くらいまでは、日本の寺小屋のような場所で、ヴェダーなどの教典を基にして祭事の意味や方法を学んだり、一般的教養を身につけたようです。

こうした世襲制度が、いつの間にか、バラモンを一般社会より上位としての環境を作って行ったのですが、十二歳から五十歳ぐらいまでは家庭にはいり、子弟の教育、家事の体験をし、やがて子弟を育て上げると、山や森に入って、きびしい肉体修行による梵我《ぼんが》一如《いちにょ》の状態になろうとしたのです。

その修行者を、サマナーと呼びました。夫婦で、このような修行に出る者も多かったといいます。

ただその中でも、現代の日本仏教が多宗派に分かれているように、多くの派閥のようなものがあり、その修行方法は指導者によって違っており、非常に多岐にわたっていたということです。

ヴェダーやウパニシャド、マヌ法典など、最初に説かれたものは、正しい人の心の道を教えたものでしょう。が、やはり心を失ってからの学問的なものは智の悟りとなり、修行者の間に、異説が生じたものと思われます。

現代仏教が哲学化されて、あまりにもむずかしく理解できないように、バラモン教も、ゴーダマ・仏陀の時代には解りにくい智的な教えになっていたようです。

形式的な世襲制度が、片よったバラモン思想を作り出してしまったといえましょう。ともあれ、バラモン種は、六十代になると、森林の中の修行から、遊行期に入り、一般の家庭に食を乞う、サロモンの境地に達するのです。こう見てくると乞食《こつじき》の歴史も面白いものです。このようなサロモン達への布施の習慣や、祈りをして貰うことも不自然なことではなく、永い歴史の中で、衆生の生活の一環ともなっていたといえます。

信仰の対象も、バフラマン（梵天《ぼんてん》）、インドラー（帝釈天《たいしゃくてん》）、山の神、水の神、火の神、ヤクシャー、キンナラ、マゴラ、ナガーなど、多種多様にわたっていました。日本でいうなら、魔王、夜叉《やしゃ》、天狗とか竜、狐、犬のたぐいの信仰といえましょう。

心を失ってしまった果ての、誤った判断ともいえます。私達の心の世界は、善悪いずれの方向にも通じやすいし、一人よがりの欲望にも陥りやすい。つまりこうした誤った道にも入りやすいということです。

山中で、不調和である心や生活をそのままで禅定などをしていると、その人間の心に応じた、不調和な地獄霊達が、耳もとで囁いたり、また心の中に湧いてくる偽りの霊達に支配されて、あたかも自分が神から指命された聖者だと錯覚し、それが組織されて、他力信仰の新興宗教が数多く生まれてしまう、といったことにもなるのです。

いつの時代でも同じことがいえましょう。

当時のインドも、イエスの出られたイスラエルの地も、そうした状況であったといえるし、そうした時代を、〝末法の世〟というわけです。

こうした、心を失った権力や地位、経済力の不均衡が社会を混乱におとし入れ、不調和な宗教が乱立するときになると、実在界、あの世から、光の大指導霊（如来）が肉体を持って現われ、神理という神の意志を伝えにきます。

しかし過去世で如来であった人達も、この世に生まれると、その第一歩から人生のあらゆる疑問にぶつかります。そして体験を通し、中道を心と行ないの物差しとしてそれらを解決し、悟りを開き、神理を説き明かして病める衆生を救済して行くのです。

今までに、転生輪廻の過程において、光の大指導霊達がこの現象界に出、神の心である〝法〟を伝えましたが、この法も、五百年、千年と経つに従い、人々の智と意によってむずかしく伝えられ、すっかり塵や埃におおわれてしまったものです。

ゴーダマ・仏陀も、その使命を持って生まれたのです。

その頃、他国からの侵略を防ぐため武士階級がクシャトリヤとしてあり、バラモン種やヴェシャーの長者達は、それと相互扶助の関係を持ち、武器や生活必需品を供給したり、情報収集など、密接な間柄でした。

その下に、シュドラーと呼ばれる奴隷階級があり、彼らは、永遠に前記の指導階級の仲間入りはできないクラスなのでした。

このような環境下で、ゴーダマ・シッタルダーは、中印度ヒマラヤの麓にあるコーサラ国の属国、カピラ・ヴァーストの城主スット・ダナー・ラジャン（浄飯王）の王子として生まれました。

母は、隣国のデヴダハ・ヴァーストの城主スクラ・プターの妹で、マヤと呼ばれていた王女でしたが、ゴーダマ・シッタルダーを産むと、その後の経過が悪く、一週間で他界してしまったのです。

そして、母の妹であるパジャ・パティーが後添いとしてきて、シッタルダー王子を、わが子のように愛育してくれましたが、やがて義弟のナンダが生まれ、その関係を知った頃から、シッタルダーは、自ら孤独に陥り、苦悩するようになって行ったのでした。

また、幼少の頃から、チャンダカの御すタンクワーという馬の背や、象の背に乗って城外を散歩したとき、シュドラーの哀れな生活を見、城内の優雅な生活と比較し、そこに社会の矛盾を感じ心を痛めたものでした。

なぜ、こんなに不平等な社会なのだ？

シッタルダーは、疑問を持ったのです。

たとえ城内にいても、いつ寝首《ねくび》をかかれるか解らない不安定な世の中、小国の悲哀など、視野が展がるとともに、シッタルダーの人生に対する苦悩と疑問は、深く大きくなって行ったのです。

三歳の頃から、バラモン学者から、ヴェダーやウパニシャド教典を学んでいた、宗教的な問題についての智慧が、かえってその苦悩をより深めたといえましょう。

武術もクシャトリヤのなすべき道として習っていたが、やがて無情を感じ、シッタルダーは、一人考え込む日も多くなって行くのでした。

十七歳の年でした。父王や母のすすめによって、義母の兄、スクラ・プター・ラジャンの娘、ヤショダラを妻に迎え、父王の後継者としての希望を託されたのだが、そのことも心の救いとはならず、舞姫などとの遊びに鬱を晴らすような努力もむなしく、シッタルダーは悶々の日を送り、やがて二十九歳の年を迎えるのでした。

人生とは何か。母はなぜ死んだのか。

せめて母が生きていたならば、義弟との相続問題で心を痛めないものを……。

なぜ、同じ人間同士が信じ合うことなく、殺し合いをするのだろうか。

心に安らぎのない城内の生活。

同じ人間に、なぜきびしい階級制度、貧富の差別があるのか。

神がいるならば、なぜ不平等な社会を作り出しているのか。

年老いた人々の哀れな姿。人間の死に対する恐怖。

このような苦しみを逃がれたいと思うシッタルダーは、出家の機会をつかもうと常に考え続けたのでした。

遂に出家の道へ——道ははるかに

しかし、カピラの城門は、シッタルダーの出家を恐れる王の命により、固く閉ざされ、外出も思うにまかせぬ警戒ぶりとなり、なかなか出城の機会に恵まれませんでした。

ヤショダラと結婚して十二年、そのほうにも、シッタルダーをいらいらさせることが起こっていました。子供を身ごもった、というのです。子供などが生まれたら一層出家への道は遠くなってしまう。だからヤショダラが、

「名前をどうしよう」

と相談しても、シッタルダーは、

「そんなことは父王と相談したら良い」

と荒々しく答えるのでした。子はかすがい、と考えたヤショダラの夢を、無情に打ちくだいたのです。父王が、

「自分の子供の名前くらいお前がつけろ」

といえば、シッタルダーは投げやりに、
「ラフラーとでもつけたら良いだろう」
といいます。ラフラーとは、障害物という意味なのです。ヤショダラは、そんな不甲斐ない夫に、悲しみをこらえ、出家を食いとめようと、常に、心の中で神に念じるのでした。

冬の館、夏の館にいる側女達も、シッタルダーのいつも沈んでいる心を明るくさせようと、あらゆる方法で慰めるのでしたが、シッタルダーの、永い歳月の間の苦悩と目的は、変わることはありませんでした。

ある、月の出た夜更けのこと、遂にシッタルダーは、城中の者達が寝静まったのを見とどけると、チャンダカを脅迫して、西門を開かせ、タンクワーに乗って出城してしまったのです。そして、かねてから計画していたとおり、ヴェサリー郊外にあるアヌプリヤの森を目指して駒を進めたのです。

明け方。シッタルダーは、チャンダカに所持品を持たせて帰城させました。チャンダカは、帰城して、このことを王達に告げましたが、責任を追及され、間に立って困り果てたことでした。

シッタルダーはしかし、信仰への道の第一歩から、大きな疑問に突き当たってしまいました。それは、途中の森で、ヴックバーというサロモンの門を叩き入門したことから始まったのですが、ヨギー・スートラを根本とした肉体的荒行を見て、まずそう感じたのです。

その肌をぶどう色に変色させてまでバラのとげの上に寝て修行している弟子。けものから身を守るために燃している火のそばで肌を焼き、どこまで我慢できるかがんばっている者。土中に身体を埋め、首だけ出してその不自由さに耐えている者。逆立ちをどのくらいの長時間できるかがんばっている者。

変わった修行僧の中には、かんかん照っている太陽をみつめて忍耐力をつけている者。

シッタルダーは、何でこんなに苦しんでいるのか、と思ったものです。むしろこれでは、自我の温床ではないか。自分は、これだけのきびしい修行に耐え得るのだ、という意識が彼らの周囲に渦巻いているだけではないか、と思ったのです。シッタルダーはいいました。

「なぜこんなにきびしく肉体を痛めつけるのか」

ヴックバーは、それにこう答えました。

「天上界に生まれて良い生活をしたいからだ」

「もし天上界で良い生活をしたいための修行であるならば、次に生まれたとき、またこうしたきびしい肉体荒行をせねばならぬだろう。原因と結果は、輪廻しているではないか」

とシッタルダーは、その無意味さを指摘しました。するとヴックバーは、

「きびしい肉体行が怖くなったか」

と皮肉にいいました。シッタルダーは、師とするに足る人物ではない、と思い、そのまま、アヌプリヤのその修行場を去るのでした。

同じ頃、カピラ・ヴァーストでは、シッタルダーの出奔に大騒ぎをしていました。

スット・ダナー・ラジャンは、クシャトリヤの中から、体力、武術のすぐれたコスタニヤー、マハーナマン、ヴァティヤー、アサジー、ウパカを選び、捜索隊を編成して、チャンダカを道案内として出発させたのです。

一週間後、やっとシッタルダーの居所を突きとめ、五人のクシャトリヤは、帰城を願いました。しかしシッタルダーの決心は変わりません。やむを得ず、五人のクシャトリヤは、チャンダカを帰城させてその由を報告させ、自分達は、シッタルダーの修行の邪魔をしないよう遠くから見守る、そういう方法をとりました。

シッタルダーは、同じアヌプリヤの別のところで修行していたアララ・カラマというサロモンに弟子入りをしました。その教えは、先のヴックバーとは異なり、

「生老病死の苦しみから解脱する道は禅定である」

というのですが、三ヵ月の修行の間に、その言行不一致を見破ってしまい、ここも去ることになったのでした。

その後、何人かの修行者の門を叩きましたが、いずれもアララ・カラマの思想と五十歩百歩なので、シッタルダーの苦悩は、解決の糸口すらつかむこともできません。

もはや、自身で悟る以外に道はない。シッタルダーはそう決心すると、アヌプリヤの森を出、ヴェサリーの町を南下、ガンガーの大河を渡り、パタリガマの町をとおってマガタ国の首都ラジャ・グリハの郊外に歩を進めたのでした。

この町は、いわば修行場として宗教家のパラダイスでした。そのため、他国からの修行者が多く集まっていました。戦いに敗れてきた者、バラモン種の修行者、世捨人などそれはさまざまでした。

シッタルダーは、ヴンダバ・ダナ（ヴンダバ山）の洞穴を拠点として修行に入り、バラモン種と同じように、ラジャ・グリハの町へ托鉢に行くこともしばしばでした。

マガタ国は、ビンビサラーという王が支配していましたが、非常に信仰心の篤い人で、こうした修行者達に布施することを惜しみませんでした。その影響で、他の百姓達も、家の戸口に立つ修行者には必ず布施をする、という習慣が身についたものとなっていました。

ビンビサラー王はまた、修行者の中から選んで、城内のクシャトリヤとし、面倒をみるといったこともしました。シッタルダーのところへもきました。

今いうスカウトのようなものでしたが、クシャトリヤに伴われて城へ行ったシッタルダーに、王はこう質問しました。

「チコラ（貴方）はどちらの国から修行にこられたのか」

シッタルダーは答えました。

「私は、コーサラ国の属国シャキャ・プトラー（釈迦族）の王子、ゴーダマ・シッタルダーと申します」

「ほう。しかしなぜそのような尊い身分の方が出家されたのか。本当に惜しいことだ。ぜひ私の城にとどまって欲しい。望むものは、何でも用立てよう」

王はそうやさしくいって、クシャトリヤになることを望むのでした。しかしシッタルダーは、「ポコラ（私）は、一切の欲望を捨てて出家いたしました。ご親切はありがたいのですが、最高の悟りを得て、仏陀になる、そのために修行しておりますので」と心中を語り、辞退したのでした。ビンビサラー王は、その堅い決心に、それ以上、無理押しはしませんでした。その代わりに、

「ガヤ・ダナというところに、ウルヴェラ・カシャパーという聖者がいますよ」と教えてくれました。しかしシッタルダーは、今まで師を求めてきたが、同じ結果になればそれだけ悟りが遅れてしまうだろう、と思い、紹介して上げようという王に、

「縁があればお会いできるでしょう」

と挨拶をして帰りかけました。王はそのとき、シッタルダーの肩を叩いて、

「シッタルダー、貴方が最高の悟りを得たときには、ぜひラジャグリハでお会いしましょう」

と再会の約束をしたものでした。


ヴンダバ・ダナを去ったシッタルダーは、ラジャグリハの南西、ウルヴェラの森に行き、そこに生活のしやすい場所を求めて、禅定の場としました。

五人のクシャトリヤも、相変わらず寝起きをともにしていました。

毎日の修行がくり返されます。しかし、シッタルダーの悟りはまだ開かれません。苦悩との闘いと焦りさえ、心の中に生じていました。

——人はなぜ生まれるのか。生まれてくるには何かの目的があるはずだ。目的と使命とは何か。人はなぜ老化し、病気をするのか。

若い撥刺とした身体……しかしいつの日か見る影もない老体となり……そして、死。

くり返す転生輪廻……しかし果たして人間はどうなるのか——。

どのようにすれば悟れるのか、考えれば考えるほど、解明の糸口はもつれ、シッタルダーの心の中は混乱するのでした。

——生老病死。これこそが一切の苦しみを作り出している。生まれてこなければ、苦しみの原因を作らないものを……。

苦しみの原因を作らなければ良いのだ。だが、現実に、肉体を持って生きている以上、人生の苦しみから逃れることはできない。

人は、生まれた当時は、苦しみを持っていただろうか。持ってはいなかった。

母の死……悲しいことだが、何も憶えてはいない。

六歳のとき、女官から義母のことを聞き、気持が動転してしまった。パジャ・パティーが実母でないことを知ってからは、義母に対する甘えを忘れて、見たこともない母を追い求め、自分で苦しみを作っていた。

カピラ・ヴァーストの地下室で、一人で本当の母に会いたいと泣いたことを思い出す。

やはり苦しみは、生まれたという原因によって作り出したのだろうか。

義母だと知ったときから、本当の母に会いたいという欲望を自ら作り出した。そして悲しみの日々を送った事実……これは、母を縁として自分で苦しみを作り出したのだ——。

シッタルダーは、過去の人生をふり返って、苦しみの原因を追及してみましたが、解決の道はつかめませんでした。

三年がすぎ、四年がすぎ——きびしい肉体修行をとおして、人生の謎を解こうとする、シッタルダーの日夜の努力が続けられたのです。

——人生には、何かの基準があるはずだ。

その基準は、一体どこにあるのだろうか——。

太陽が、いつもピパラーの木の方向から出るようになって六回目。丸腰のまま、どこでも安心して寝られる、それ以外はカピラ・ヴァーストの生活とは雲泥の差のきびしい生活でした。シッタルダーに従っているコスタニヤー達も、昔の面影はすっかりなくなり、サロモン（修行者）になり切ってしまっています。

ガヤ・ダナ周辺のサロモン達は、ほとんどがヨギーを主体とした修行方法で、ヴックバー仙の修行と変わっていません。服装も、鹿の皮を腰に巻いている者から、僧衣にターバンをつけている者などまちまちで、全く身なりには関心がありません。

シッタルダーは、そうした環境の中で、自然に調和しようとして、瞑想にふけりましたが、雑念は心の中から湧くことをやめず、無念無想の境地に到達することは非常にむずかしく、焦れば、かえってこだわりの心が生まれてくるという状態でした。

──苦しみは、肉体から出るものだろうか。

眼からか、耳か、舌か、鼻からか、その原因はどこにあるのだろうか……そして、転生輪廻は今の肉体がくり返しているのだろうか。

いや違う。肉体以外の何者かが存在する。そうだ、この肉体も眠ってしまえば何の苦しみも悲しみもない。問題は、眼覚めているとき、いかに苦しみを解脱するか──。

肉体は、意識によって支配されている。意識が苦しみをとらえて現象化するのだ──。

人生の大きな謎が解け始めてきます。

──肉体は父母から戴いた。だが意識に包まれている心は違うのではないだろうか。

心から出る考え方の違いは、両親から与えられたものではない。親の意志に反して出家してしまった自分の姿を見ても、親との相違ははっきりしている。そうだ、肉体は、この現象界の乗り舟なのだ。

舟はいつの日にか朽ちてしまうもの。しかし、船頭さんは舟を下りてしまえば舟が朽ち果てても関係はない。いつの日かまた、新しい肉体舟を得て川を渡ることができるのだ。

この船頭こそ、意識であり、その船頭が操る舟が肉体なのだ。意識が肉体を支配し、やがてそれから離れ、また支配をして転生輪廻を続けている。

つまりこの五体は、意識の表現体にすぎないのだ。五官の、眼をとおして見た現象、耳をとおして聞く聴覚、鼻で感じる嗅覚、舌で味わう味覚、肌で感じる触覚――。

シッタルダーは、そうした五官の経験をとらえる意識、心がすべてを支配していることに気がつき、苦しみを作り出していることを遂に発見したのです。そして、その苦しみを克服するのは、心の在り方にある、という偉大な普遍的生命であるおのれを発見したのです。

では、その心を、どのような基準で正したら良いのかと、あらゆる角度から考えているうちに、シッタルダーは眠りに落ちてしまいました。

暗い静かな森に、焚火の火が明るい。夜更けの空には、星がきらめいています。シッタルダーは、ピパラーの大木を背にして、その火に顔を浮かび上がらせ、深い眠りに入っています。コスタニヤー達五人も、それぞれの姿で、主人の思考には無関心なまま寝入っています。

ときおり、ハイエナの遠吠えが聞こえます。他の山々にも、同じような火々が、明滅して深夜をいろどっています。

シッタルダーの身体は、永い修行と心労のため、すっかり瘦せおとろえていました。しかし、近頃では、瞑想にふけっているとき、眼の前が金色の光に包まれることがあったり、胸のあたりからこみ上げてくるようなことも経験しました。これが悟りなのだろうか、と思うが、焦ると、また苦しみに襲われるのでした。

幻影に似たものが心の中にはっきり見えたり、ヤクシャー、キンナラ、マゴラが眼の前に立っていることもあります。よく見よう、と思っている瞬間に、その姿も消えてしまうような現象もたびたび体験しました。

――この幻影は実在のものであるか。バラモンのサロモン達が良く話していたことを聞いたことがあるが、果たしてこの現象は何なのか――。

シッタルダーには解りませんでした。

東の空が白み、シッタルダーは川辺に出ました。ガヤ・ダナとネランジャラ河の上流から下流にかけて霧がかかり、何か天国を散歩しているような気持でした。朝露を含んだ牧草が、シッタルダーの足を濡らし、大地の感触が、何ともいえない柔らかみを伝えてきます。

——そのとき、はるか川岸の彼方から、

弦の音は　強すぎれば糸は切れ
弦の音は　弱すぎては音色が悪い
弦の音は　中程に締めて音色が良い
　弦に合わせて　踊れよ踊れ
　　みんな揃って　踊れよ踊れ

という美しい、天女のような歌声が、朝霧をとおしてシッタルダーの心を打ち、ひびいてくるのでした。シッタルダーは、立ちどまって声のするほうに耳を傾け、歌の意味をかみしめるのでした。

――なるほど、弦は強く締めても、弱く締めても確かに音色が悪くなる。糸が切れてしまうこともある。中程に締める――。

シッタルダーに、その歌の真の意味が、稲妻のように閃き、心の中にひびいてきました。

――カピラ・ヴァーストで歌姫や踊り子達から習った弦の音も、確かにそうだ。心の正しい基準を、中ほどにして、片よりのない道が大事なのだ――。

遂に探し求めていた心の在り方が、シッタルダーに、このとき、はっきりと発見されたのでした。

シッタルダーは、その民謡を歌っている主のほうへ近よって行きました。霧の中に、少女の姿が薄ぼんやりと浮かんで見えてきます。

少女は牛乳を絞りながら歌っていましたが、シッタルダーには気がつきません。

「良い歌を聞かせて下さってありがとう」

シッタルダーがうしろから声をかけますと、少女は驚いてふり向きました。そして、シッタルダーの姿を見ると、呆然となり、急にひざまずいて、上半身を草の上に両手を前方に伸ばす最高の挨拶をしました。シッタルダーは、

「チコラの歌に心打たれました。求めていたものを得たような嬉しい気持です。どうぞ、お顔を上げて下さい。ポコラはコーサラ国のカピラ・ヴァーストからきた、ゴーダマ・シッタルダーと申すサロモンです。決して怖い者ではありません」

と自己紹介をしました。少女は、

「サロモンはバフラマン（梵天）のように光明に満たされています。神々しいお方様です。私はこの近くのウルヴェラに住む、チュダリヤ・チュダータと申します」

といい、初めて頭を上げて、シッタルダーの顔をまじまじと見るのでした。そして、

「私の父は、マガタ国のビンビサラー王に仕えております。どうぞ私の家にもお出かけ下さい。食べ物をお布施しますから」

とやさしく続けました。シッタルダーの、瘠せた姿を見て、悲しくなったのでしょう。その手の鉢を手にとると、絞りたての牛乳を入れ、こうもいったのでした。

「どうぞ、ゴーダマ様、この牛乳を供養いたします。お飲み下さい」

肉体行を捨てる――新しい在り方への眼覚め

シッタルダーは、おのれのおとろえた肉体の現実に、遂に決心して肉体行を捨てるのでした。きびしい修行を続けて、肉体が不自由になってしまったら、悟らないうちに死んでしまう。肉体が健全であってこそ、人生があるのだということに気がついたのでした。

肉体行の苦しみをとおしては悟れない、かえって煩悩が生じ、一層の苦しみの原因を作っている、ということにです。

よし、身体を作ろう。少量のごまや麻の実では体力が消滅してしまう。今までの片よった考え方を修正することだ、とシッタルダーは思いました。チュダータの顔をみつめると、何のためらいもなく、

「遠慮なく戴きましょう」

と、牛乳を、その香りとともに飲んだのでした。食欲を制することによって、実はかえって心の執着を作っていた。それにとらわれない心を初めて持ったのです。

心の通った供養の牛乳は、身体の隅々にまでしみ渡り、シッタルダーの心の中まで洗い清めてしまった、といえます。

チュダータと別れたシッタルダーは、川に入り、身体の埃とともに、心の埃も洗い清めると、岸辺に上がりました。そのとき、森から出てやはり川岸にきていたコスタニヤー、マハーナマン、ヴァティヤー達は、牛乳の件をずっと見ていましたが、シッタルダーのそばに近よってくると、コスタニヤーが代表してこういいました。

「チコラ（貴方）は、修行者の掟を破り、堕落してしまった。牛乳のような不浄なものを飲むとはけがらわしい。苦しみに負けた修行者だ。チコラはすでに王子でもなく、サロモンでもなく、ポコラ（私）の師でもない。ポコラはカピラ・ヴァーストには帰らないだろう。チコラと別れて他で修行する。前から、修行のやり方に疑問があったし、別に生活しようと皆で相談していたが、今朝の姿を見てポコラは呆れかえってしまった。それがチコラの本性だ」

シッタルダーが何をいう暇もなく、五人の修行者はネランジャラ河の下流に向かってしまいました。シッタルダーは、なすすべもなくそれらの姿を呆然と見送るだけでした。

カピラ・ヴァーストを出てから六年間、シッタルダーを蔭になり日向になり見守ってくれたクシャトリヤ（武士）達――それは、あまりにも後味の悪い別れ方でしたが、去る者を引きとめるわけにもいかないことでした。

ひとりぼっちになったシッタルダーは、ウルヴェラ・セナニーの森に入り、ピパラーの大木を背に、禅定の場所を定めました。

大木を背負うのは、後方からくるけものを防ぐことが目的です。前方は焚火を燃しておけば心配ない。けものは火には近よらないものです。坐す前方は、ガヤ・ダナ（ガヤ山）、そしてネランジャラに通じる。そこは山水の調和のとれた美しい場所でした。

鹿革の袋に水を入れ、薪木や、マンゴや、木の実を集め、悟るまでこの場を立つまいと強く心に決めたのでした。コスタニヤー達も去り、一人になって知る人生無常――。

――生まれるときも、この世を去るときも、人間はひとりぼっち。集まる者達もやがて離散する。美しい自然も同じだ。

春になれば、一木一草みな芽生え、花を咲かせ、夏、緑はもえたって山野を包む。そして秋、種子は大地にひそみ、収穫のときとなり、冬、木枯らしが吹きすさむと山野の緑は枯れて灰色となる。自然も、このように四季をとおして古いものから新しいものへ、常に輪廻をくり返しているのだ。

人間の姿も、これと同じように、美しいものもいつの日か、見る影もなくなり無残に散ってゆく。現われているこの世における現象は、いかに望んでも、ひとときとしてその位置を保存することができないものだ――。

シッタルダーは、すでに、死を決して、大悟への結論を見極めなくてはならないと思い定めていたのでした。

――太陽は、惜しみなく暖かい光をウルヴェラの森に降りそそいでいる。すべての万物万生に、慈愛の光を平等に与えている。この慈愛の熱、光が万生万物を生存させているのだ。雨は、植物を育て実らせ、大地を洗う。風は花粉や種子を運び、空を清めている。狂いのない、大自然の摂理である――。

シッタルダーは、生きている大自然に感謝することが大切だ、と気がつきます。

――しかし、この大慈愛に感謝するだけで良いのだろうか。植物も、ある者は自らの生命を動物達に供養している。万物が相互関係を維持して、大自然が存在しているのだ

――。

シッタルダーは、報恩という行為があってこそ、感謝の意味が価値づけられるのだ、ということが解ってきたのでした。

――報いてやることだ。報恩をすること、布施をすること、ということを――。

大自然の中に生きている自分の行為を、人類社会に奉仕すること、その行動力こそ人間一人一人にとって最も必要なことである、と悟ったのでした。

大悟への道に入る――正しい基準への問い

ウルヴェラ・セナニーの森に日が落ちます。賑やかだった小鳥や動物達も、それぞれのねぐらに帰り、夜の静寂が訪れてきます。

しかし、シッタルダーには、定まったねぐらも、帰る家も今はありません。

ただ一切の煩わしい問題もなく、大自然の中にとけ込もうと、五尺三寸の身体をとおして反省への禅定に入って行くのでした。

すべての苦しみは、永久不変の意識に包まれている心、そこに発生する。そしてそれこそが自分自身の本性なのだ――。だからこの心に正しい基準を作って、思うことと行動することが大切なのだ――。だが、正しい基準というのは、どういうことだろうか。客観的な、五官でとらえた諸現象だけが絶対である、そう思うところに誤りが生じ、心の曇りを作り出しているのではないか――そうしたことも悟るのでした。

――では、どうすれば良いのか。心の在り方と生活の在り方を正さなければいけない、ということだろう――。

シッタルダーは、日々の生活や環境をとおして、その中から悟道を探し求めるのでした。

――自然の気温が暑くても寒くても、身体の活動に影響して、不調和になりがちだ。人間の身体のためには、やはり適温が良い。暑ければ灼熱地獄、冷え切っても冷寒地獄である。

食事もまた同じことだ。食べすぎれば腹をこわしてしまうし、足りなくても活力にならない。着物も身体に合ってこそ、活動しやすい。カピラ・ヴァーストの生活のとき、鎧を着ることがあったが、このときも、各人の寸法を合わせるため商人は大変苦労していた。つまり、大切なことは〝中程〟ということである――。

ああ、そうか、とシッタルダーは思いました。

――城内での優雅な生活と堕落。他人まかせの生き方――。カピラ・ヴァーストを出てから今日までの生活も、肉体的煩悩を消滅しようとしてかえって人生の苦から解脱することを妨げた。正しい片よりのない生活、その中道を逸した、心の作用と生活が苦しみを作り出してしまうのだ。しかし、なぜ苦しみによって心の安らぎを失ってしまうのだろうか。

生まれてきたときには、何の苦しみも悲しみも全く記憶にはなかった。その当時のことは、義母や女官達から聞いたこと以外、解ってはいないのである。これは、皆、同じことだ。

「非常に難産でした。当時のしきたりで、実家に帰る途中の、ルビニの公園で生まれたのです。その場所は美しく、小鳥や草や花、大自然が、あなたの誕生を祝ってくれました。

私の姉も、年とってからのお産で、肉体的にも大変だったようです。だからあなたは、丈夫で立派な人間になることが大切なのです。

姉の苦しみに代わって、あなたは丸々とした可愛い赤ちゃんでした。けれども、姉がどんなに苦しんだとしても、シッタルダーに罪はないのです。その証拠には、天真爛漫《てんしんらんまん》いつもにこにことして、私達を困らせるようなことはありませんでした」

ヤショダラと結婚する頃、義母から聞いた自分の生誕のときのことが思い出される。城内で生まれたクシャトリヤ達の子供のことも良く知っている——。小さい頃は、屈託もなく、心は丸く豊かなはずであった。アートマン（自我）が芽生えるに従って、自己主張は強くなり、他人との不調和が多くなってくる——。

このようにして、シッタルダーは、自我我欲が次第に育ち、自己保存の煩悩が、醜い歪みのある心を作り出して曇りを作り、暗い人生を作り出してゆく人間——そのことにも気がつくのでした。

——だから、平和な安らぎの生活が手のとどかないものになってしまうのだ。空を飛んでいる鳥達には国境がない。自由に飛んでいる。しかし、人間や他の動物達は、自らの領域を作って、互いに闘争し、破壊の苦しみを作り出している。ウルヴェラの太陽も、カピラの太陽も一つではないか。

この一つの太陽が、全ヨジャナー（全世界）に熱や光を与えている。つまり、皆、平等なのだ。

なぜ人間は、互いに醜い殺し合いをするのであろうか。やはり自我我欲と、自己保存のみの片よった考え方、片よった行動が原因を作り出しているのだ。

人間も、あの太陽のように、暖かく丸く豊かな、広大無辺な慈悲で、豊かな心を作り、闘争や破壊のない、調和のある社会を作らねばならない――。

ウルヴェラの森は、すっぽりと黒いヴェールに包まれて真っ暗です。時折、強く燃え上がる焚火の炎によって、シッタルダーの瘠せおとろえた顔が静寂な森の中に浮き上がります。

シッタルダーは、禅定しながら、正しい心の基準を、なおも考え続けるのでした。

――他人との争いの原因は何だろうか。片よらない正しい言葉で、相手の心を考えて語ることが大切なのではないか。また、相手の心を無視して聴くことが正しい判断を生み得るだろうか。ひとりよがりに、一方的にものを見ることが良いはずがない――。

見たり聞いたり、話したりするための、日常の基準が、はっきりとシッタルダーの心の中に刻み込まれて行くのでした。

――正しく語る、正しく見る、正しく聞く、という基準を忘れたときは、自分さえ良ければという心になり、他人を傷つけることになるだろう。そしてそれは、自分にも帰ってくることだ。

この三つの正しい基準は、自らの心の中で思うことに始まらなくてはならない。心の中で思うことにも、正しい基準がなければならないのだ。思って語り、思って聞き、思って見るということは、心の中の作用が根本になっているからである。

思うことの基準に片よりが生じても、やはり不調和な苦しみを作り出してしまう。相手をほめたたえる言葉にしても、心の中に不信があればそれは偽りになる。自分で蒔いた不調和な種である限り、刈りとらなくてはならないのは自分自身であろう。他人を傷つけて、自分自身にも傷つけることになってしまう――。

シッタルダーの心の中に描き出されて行く正しい基準は、次々と解明されてゆきます。

肉体的なきびしい修行によっては、肉体的な限界に挑戦することしかできない、心のむなしさを解決する道にはならないということを、シッタルダーはすでに知っていました。

苦しみという煩悩を作り出しているようなものだということを、知っていました。

六年間――何を遠回りしてきたのだろう、と無智な自分をかえりみて歯がゆく思うのです。盲目が、人生修行の近道を忘れ、重い荷物を背負ってあえぎあえぎ限りない山道を登るようなものだ、と思ったのです。

目的のない永遠の浪人のように、方向を見失って、山中をさまよい歩く愚かなおのれをみつめて、自分が憐れにも思えるのでした。

六年間探し求めていた師は、自分自身の心と大自然という、最も身近なところにあったのです。

シッタルダーは、このような心の謎がとけ始めたため、嬉しくて、大声を挙げて喜びたいような気持でした。

ゴーダマ・プッタにとって、それはまるで、砂漠で飢え渇いていた人間が、オアシスに出会ったような気持ではなかったでしょうか。

たとえ自ら作り出したきびしい人生修行であっても、シッタルダーの修行は、人生における自分の求めた学習であり、この体験をとおして、悟りへの道に到達しなければならないということでした。

人間にとって、いかに自らの心を豊かにするか、というのは最も重要なことで、堕落に到る道は近く、善なる調和への道は遠い、ということです。善なる心と行為を行なって悪を退けるのは、むずかしいことなのです。日常、善の方向に対していかに正しく生きるか、それが大切といえましょう。

しかしこの現象界においては、心の中の善が、そのまま他に通じないし、問題も多いといえます。人は、反省をおろそかにして、罪を重ねてゆく、というのが、この現象界の現実です。

互いに、見えないから、聞こえないから、話さないから、自分の都合で判断して、片よった方向に進み、苦しみを作り出しているのです。

しかし、他を不幸にしよう、などといった考え方は、必ず自分にはね返ってくるもの、ということを知らねばなりません。

自分の都合が悪いという理由で、他を恨んだり、そしったり、嫉んだり、怒ったりしてはなりません。つまり片よった心になってはいけないということです。

正しく念じること、これが大切です。

正しい法を失った、他の指導者の中には、呪詛《じゅそ》というものがありますが、他人を不幸にするようなものは、正しい思念とはいえないものです。

バラモン教の中には、ひとりよがりな指導者による、自己保存のための呪詛の修法がありました。しかしこのような呪詛は、相手のほうが慈悲深い心の者の場合、光明に満たされているから、太陽の光が鏡に反射するように自分自身に帰ってくるのです。

呪詛は、マーラー（悪魔）の祈りなのです。自分の心を悪魔に売り渡した者達のやる行為というしかありませんが、このような人々の心は、常に安らぎがなく、ひとりよがりで、大きな歪みを作り出して持っているものです。

これは、不調和な原因によって、暗い心の苦しみという結果を作り出してしまっている、ということでしょう。

他人の幸福を喜び、幸いのために慈愛の手を差し伸べてやることが、神の心ではないでしょうか。正しく念じる、ということは、自己中心であってはならないのです。

さらに、人間としてこの現象界に生まれたならば、生きるために仕事をしなければならないはずです。万物の霊長である人間は、本能のままに生きるべきではありません。人間は考えを実行することのできる、偉大な智慧の持主なのです。自らの生活を豊かにし、社会人類の幸福を作り出すためにも正しい仕事をすることが大切です。それに害毒を流すような仕事は、自らを亡ぼすとともに、善意の人々をも傷つける結果になるからです。

働く環境に感謝し、その心は報恩としての行為に結ばれなくてはならない。円満な心を作るためには欠くことのできないそれぞれの特技を生かした、正しい仕事をすることが大事だといえましょう。

また常に自らの心を豊かにするためには、正しく念じ、正しく思い、正しく語り、正しく見て、正しく聞くよう、毎日の生活を精進する積み重ねが大切なことです。

しかし人間は、盲目な人生を送っているため、さまざまに片よった思念や行為がありますゝ。それが心の中に曇りを作り、偉大な神の慈愛の光をさえぎって苦しみを作り出しているのです。

そこで、正しく定に入るためには、正しい中道の心の物差しで、自らが作り出した不調和な想念や行為を反省することが大事です。

反省によって、犯した誤りと、その原因をとり除いて素直に神に詫びることが必要なのです。反省は、私達に与えられた神からの慈悲といえます。心の曇りをとり除く道は、これ以外に方法はないし、神から与えられた魂の進化への、これだけが機会といえるでしょう。

歩みをとめて、自らの想念と行為を見ること、これが必要です。心の曇りは、このときに晴れ、私達の心は神の光によって満たされて禅定三昧の境地に到達できることになるのです。

今ようやく、シッタルダーは、そうした境地に到達し、心の物差しを悟り、自らの想念と行為をはっきりと訂正する機会を得たのでした。

――自然もその条理に従って、春夏秋冬が区分されているように、すべての善悪にも、一定の基準があるはずだ。その心の基準がないから混乱が起こる――。

シッタルダーは、正しい心の基準を持って、幼少時代のできごとや、その当時の想念、行為について、ひとつひとつ反省をし、心の曇りをとり除いてゆくのでした。

――出生の秘密を耳にした、六歳のとき、それは子供心にも全く動転したものだった。母だと信じていた人が義母だった驚き。それ以来、自分の、義母に対する冷たくなった態度。果たしてあんなことで良かったのだろうか。

そして、たとえ何の記憶がないとはいえ、実母は、自分が難産で生まれたため、この世を去ってしまったのである。母の死によって、父王も大変悲しんだことだろう。母に対しても父王に対しても、義母に対しても詫びねばならない――。

シッタルダーは、心から、両親、義母に詫び、泪が流れるのをとめることができませんでした。憶えていない母を思い出そうとすると、必ず義母の顔が瞼に浮かんでくるのです。

義母に対しての甘えも、反省せざるを得ません。

――可愛がってくれた義母の愛。生母のことを知らなかったらおそらく実の母と思い続けていたことだろう。かえって知らなかったほうが、義母も自分も苦しまなかっただろう。意識的に意地を悪く、と思ったわけではない。しかし自然に孤独になって行った自分の心。あれは、子供の感傷による、独占欲の裏返しではなかったのか。父王も随分、心配したことだろう。再婚も、やむを得ないことだったのだ。私は、何と大きな誤りを犯してきたのだろうか。神よ、父王や母や義母に対して犯した罪をお許し下さい……。

シッタルダーは、心から神に詫びるのでした。

——自分の気に入らないときは、良くカピラの地下室の中に閉じこもって、鍵をしめて義母を悲しませたものだ。また、マシエル大臣やチャンダカなどにも大分迷惑をかけた。それは王子としての増上慢な行為であった。父王の権力の傘の下にいたからとおったわがままだった。王子でなかったらどうだったろうか。そんなわがままはとおらなかったことだろう。

チャンダカと城外に出た頃、良く、農夫達が牛を鞭打って農耕している姿を見て、動物達が酷使されているのを悲しんだり、小さな虫が小鳥に襲われて死んで行く姿を見て、ものの哀れに泪を流したこともあった。

常に身の回りの諸現象に感傷的な行動が、果たして罪を作っていたことになるだろうか――。

シッタルダーの反省は、善悪のひとつひとつを、正しい心の基準に照らして、自らを裁いてゆくのでした。

――秋の豊作を祝うお祭りのときなどは、父王とともに城外を巡遊したものだ。そうしたとき、農民の過重な労働に喘ぐ悲惨な姿を見て、同じ人間でありながら、なぜこんなに不平等な社会なのだろうか、果たしてこんなことで良いのかと思ったりしたものだ。

十二、三歳の頃から、自然をとおして、無情な諸現象が眼にとまるようになって行った。鳥やけものが相食む姿を見て、悲しさのあまり泪を流したこともあった。城のクシャトリヤ達が、とらえてきた動物を殺しているときなど、泣きながら、「殺さないでくれ！」と訴えたこともあった。

ジャンブの樹の下で、バラモンの先生であったヴィスヴァーに教えられた瞑想にふけり、人生の深刻な問題について考えたこともあった――。

カピラ・ヴァーストでのことが、回想となって心の中に描かれてゆきます。

――クシャン・ティデーヴから習った武道は、気剣体一致が極意だといった。「心ない剣は名人とはいえない」と教えられた。「人を殺す剣ではなく、自らを守り、心の悪を斬り捨てる剣とすべきである」とも教えられたものだ――。

今、ウルヴェラの森で、初めて、その教えの正しかったことをも知る、シッタルダーでした。

「剣は、自らの心の邪悪を斬り捨てるために用いよ」。そんな言葉が、自然に口をついて出てくるのでした。「剣があるのは、争うための道具としての価値にあるのではない。人は争ってはならないのだ」。シッタルダーは「私の剣は、〝法〟だ。心と行ないの法だ。法こそ神の心の現われである」と、今は亡きクシャン・ティデーヴの教えに、改めて心から感謝するのでした。

――闘争と破壊は、自らを苦しめるとともに、他人をも犠牲にする。武器は、人間の智慧が作り出したもので、神が作ったものではない。武器が、人間にとって必要なものであるならば、生まれながら持ってくるはずだ。毒蛇が毒歯を持っているように……。人間は、生まれながらの姿こそが、神の法にかなった姿であるはずだ……。

シッタルダーは、こう思います。武力闘争によって混乱した社会は誤りである、と。

――弱肉強食の世相というのは、人間以下の動物達が、万物の霊長に進化する過程の修行にすぎない。

大蛇にしても他の肉食動物にしても、自らに足りていれば、決して他を襲うことはしないものだ。もし、強い肉食動物だけが生き残ったならば、草食動物は絶えてしまうだろう。

彼らの生活には、きちんとしたルールがあるではないか。相互に足るということを知っているのだ。しかし、万物の霊長たる人間は一体どうだろうか。

強者は、自分の領土を増やそうとして、弱い者達から武力や財力によって、奪いとってしまう。

人間はみな平等であり、この大自然はすべて人間の所有物ではないのだ。

マハー・コーサラ・ラジャンも、大コーサラ国を、死の世界に持って帰ることはできなかった。金や銀や、瑪瑙、珊瑚、ルビー、ダイヤなどの財宝も、所詮はひとときの欲望を満たしたにすぎない無情なものではなかったか。この世を去るとき、やはり持って帰れはしないのである。

肉親にしてもそうである。たとえ、親子であっても、前世の縁によって、肉体を戴いても、魂は、親子別々のものなのだ。父王が望んでいたことに、自分はこたえてはいない――。父王の意志に反して出家してしまった姿を見れば、肉体舟の先祖と魂の先祖の関係は、おのずから異なっているといえよう。

肉体先祖というものは、神より与えられている本能によって、この地球上に適した肉体舟を保存させるようにできている。

それは、こういうことである。魂の世界からこの地上界に出るためには、人生航路を渡る乗り舟が必要だから、子孫が代々保存されているというわけだ。

眼隠しされた現象の世界では、人は、盲目の中で、より豊かな心を求め、広い慈愛に満ちたおのれを作るとともに、全ヨジャナー（全世界）の人々の調和された平和な世界、それを作ることが目的なのである。

しかし、肉体舟に乗ってしまうと、心の存在が解りにくいために、きびしい人生を体験しなければならないのだ。だから、親子であっても意志の違いが起こったり、また、わが子可愛いさから世襲制度を作ったり、きびしい階級制度を生んでしまうようになり、権力や地位や財産や領土へと、その欲望は展がり、遂に闘争と混乱を作り出してしまっているのである――。

シッタルダーの心の中に展開されて行く神理は、プッタ・スートラ（悟りへの道）の根幹となって、はっきりと心の中に刻まれて行くのでした。

今まで学んできたウパニシャドや、ヴェダーで解明されていなかった大きな疑問点が、はっきりと解ってきました。心の正しい見解を持つことによって、疑問の点が解かれ、心の中からこみ上げてくる暖かいものをとめることができませんでした。

きびしく、極端な肉体行をしていたときには、全く心に触れなかった諸問題が、もつれた糸がとけるように、系統的に、明解な答えとなって返ってくるのでした。

悪霊《マラー》との闘い――幼年時代の反省

夜もすっかり更け、ときどきハイエナの遠吠えが無気味にこだましています。

暗闇の中の樹々が、風に吹かれて時折燃え上がる焚火の火に、明るく照らし出されます。

シッタルダーが、反省にひと区切りつけてまた瞑想に入ろうとしたとき、焚火のはるか前方に人間の気配がしました。

しかしもはや、瞑想中のシッタルダーは、昨日のシッタルダーではありません。一切の執着から離れた自分の心にかえっていました。

地上の想念から解放されて、大自然の慈悲の心に触れていたのであった。瞑想が深くなるにつれ、眼の前が黄金色に変わり、何か心が安らいでくるのでした。

このような現象は、今までもしばしば体験したことがありましたが、以前はすぐ心乱れてしまい、一定した状態になったのは、初めてのことです。

黄金色の柔らかい慈光――錯覚ではないか、と静かに眼を開いてみましたが、それはまさしく、黄金に輝く世界でした。

細かな、霧のような粒子をした、柔らかなゴールド・カラーです。眼前にかすかに燃えている焚火の明かりとは全く違うもので、しかも、今までは、眼を開くとそれは消えもとの暗黒にもどっていましたが、今は、眼を開いても瞑想のときも、はっきりと黄金色の世界にいるのでした――。

心の中の不調和な曇りが除かれて行ったでしょう。

――心の調和を、より一層進めるには、どうすれば良いのだろうか――。

シッタルダーは、ふとそう思うのでした。しかし、その疑問が生じたとき、明るくまろやかに周囲を包んでいた黄金色の光は、跡形もなく消え去り、赤々と燃える焚火の火が、闇を照らしているだけでした。

――さて、またしても、前と同じ結果になったか――。

とシッタルダーは淋しく思うのでした。そして、再び瞑想に入ろうとしました。ゆっくりと眼を閉じ、心を動かした波紋から離れようとしたのです。そのときです。耳もとに、女性の声が聞こえてきました。

「――シッタルダー様、私でございます、私です……」

聞き覚えのある声です。シッタルダーは、思わず眼を開きました。すると、焚火の明かりをとおして、前方の暗闇の中に、ヤショダラのような姿が見えるではありませんか。ヤショダラは、シッタルダーを懐しそうに見ています。透きとおるような薄手の衣が、静かにゆれて見えます。微笑を浮かべて、ヤショダラは手を差し伸べ、シッタルダーを迎えようとしているのです。

——この真夜中に、なぜヤショダラがきたのだろう。どうしてここを知っていたのだろうか——。

シッタルダーは、判断に苦しみました。

——かつての妻と別れて、もう六年あまりになる——。今はカピラとの連絡も途絶え、その様子とて知る由《よし》もない。クシャトリヤだった五人とも別れ、その行先すらも知りはしない。ヤショダラが、偶然そのコスタニヤー達と会ったとしても、この今の居場所が解るわけがない——。

不思議なことがあるものだ、とシッタルダーは思いました。夢ではないだろうか、と自分を疑ってみましたが、身の一部をつねっても確かに現実のことでした。良く見ると、ヤショダラの左手にも人が座っています。ゴーパーです。そのゴーパーも、やはり手を差し出して、しきりにシッタルダーを手招いています。さらに良く見ると、その周囲には、かつて言葉を交わした踊り子達もいるではありませんか。

——はて、どうしたことだろうか——。ヤショダラが、死に別れの挨拶にここまできたのだろうか――。

　とシッタルダーは、思案にあぐね、不思議なことがあればあるものだと、いよいよ迷いました。しかし、シッタルダーは、じっと前方をみつめたまま立とうとはしませんでした。

　そのうちに、ヤショダラの身体が妖しく動きました。男を求める女の姿です。身体をくねらせ、媚びを売ろうとする女に変わったのです。

　――悪魔《マラー》だ！――。

　シッタルダーは、ヤショダラの変身を見た瞬間に、そう思いました。だが、その瞬間、ヤショダラもゴーパーも、踊り子達の姿もかき消えるように闇の中に没してしまいました。

　シッタルダーの周囲は、再び静寂に包まれました。シッタルダーが悪魔と思った瞬間に、その身体はバフラマン（梵天）の光におおわれ、女達の姿を消してしまったのでした。

　――マラー……この得体の知れない怪物、悪魔は、いつ、どこで、どうして生じたのだろう……。マラーとは、一体どのようなものなのだろうか。

マラーとは、人間の身体に巣食う回虫のようなものです。回虫が体内に巣食うと、食物はみなそれらの虫に吸いとられ、人間は次第に衰弱してゆき、やがて死んでしまいます。それと同じように、マラーに魅せられると、人は正常な心を失い、やたらと闘争心がつのってきます。自分に敵対する者は、情け容赦もなくこれを倒さずにはすまなくなってくるのです。

血を見て快感し、人の不幸を喜ぶ。そして、自分の意識にもどったときには、なぜあんなことをしたのだろうか、と思います。しかしそのときにはもう遅いのです。

普通なら、人の不幸や悲しみを見て喜ぶ者は少ないものです。だが、自分の競争相手とか、いつも頭を押さえつけている人が不幸になると、ざまあみろ、という心を持つ場合はあるでしょう。

マラーは、そういう不平不満のある人の心の中に常にひそみ、その心に不調和を作り出してゆくのです。

人の不幸を喜ぶ程度が深くなるにつれ、その人の身体はいつか重くなり、肉体的には勿論その環境も不調和になり、その苦しみから抜け出るのは、なかなか困難になります。

そうならないためには、自らの心を正す以外にはないといえます。

マラーは、この地上界で不調和な人生を送り、死んで地獄に堕ちた者達の世界を支配しています。そして、生きている不調和な心の者達の業想念に通じ、この現象界に、そうした人間がいる限り現われてくるのです。

人間社会の混乱は、人間の心の不調和な行為が作り出す暗い雰囲気や、足ることを忘れ去った欲望に起因しているのです。

シッタルダーの心の中にも、情欲の名残りが頭をもたげ、修行中にもこの煩悩を断つことに苦慮したことでした。

煩悩の炎が燃えれば、それがマラーに通じ、彼らは、シッタルダーの心を堕落させようと躍起になるのでした。もし正道を悟られれば、マラーやその輩下は、自らの環境を失ってしまうからです。

——うじ虫のいる場所も、清潔にして、太陽の光で満たしてしまうと、彼らは生きることができない。ゴキブリも湿気の多い暗い場所を好むが、太陽のもとでは生きることがむずかしいものだ。類は友を呼ぶ。悪は悪の仲間が集まり、生活をしている。意識界における、善悪の世界も同じことなのだ。濁ったものは沈み、清らかな水はその上、と同じ理屈だ――。

シッタルダーが、眼の前に現われたマラーの実体をしっかりとみつめながら、正しい判断を下すことができたのも、常日頃、思うこと、行なうことを、片よりのない心の物差しではかり、確かに判断しながら生活をしていたため、道を誤ることがなかったといえます。

もし、シッタルダーが、マラーの誘惑に負けたならば、おそらく、悟りへの修行は実らず、昔以上に堕落した人生を辿ることになったことでしょう。

自分の欠点を、勇気をもって修正することは、不可能ではないのです。良き判断をするための智慧を養い、おのれを修正するための日頃の努力を怠らないようにすることです。

苦しみとなる原因を作らない、このことが大切なのです。堕落への道は、なだらかな坂を下るようなもので、苦労しなくても落ち得るものです。

しかし、堕落の道に一度落ちこんだ者が、その泥沼からはい上がるのは、修行するのよりずっときびしいことなのです。

精進の道が、きびしく困難であるということは、自らの欠点に甘いからといえましょう。それほどに、おのれに克つということは、大変にむずかしいことなのです。

一旦おのれに克ち、悟りの境地に到達すれば、そこには平穏な、安らぎのある調和された環境が待っている、ということを悟らなくてはなりません。

シッタルダーの心の中は、過去になした不調和な想念や行為をみつけ出し、ひとつひとつ反省し修正して行く中で、無意識に大きな誤りを犯していたことに気がつくようになるとともに、光明に満たされて行く過程にも自信を持って行くのでした。

心の中で自問自答しながら、過ぎ去った誤りを正して行くということは、初めての経験だし、蓄積した暗い雰囲気を払いのけるのは、大空の曇りを大風で吹きとばすような晴れやかな思いで、陽の射す心の中は安らぎ、執着から離れて行くのでした。

すでに、五人のクシャトリヤという守ってくれる人もいない中で、死を覚悟して最後の仕上げを進めている姿は、他から見ると悲壮でさえありました。しかし、シッタルダーの中には、全く焦りはなかったのです。

それは、死の宣告を受けて迷い続けた者が、諦観の境地になり、淡々とした心境にいるのと同じでした。一切の執着から離れたときの心というものは、生まれたばかりの美しい心に帰るのです。

この人生では、自ら作り出した欲望への悪あがきがかえって重荷となり、一生を無意味にすごしてしまう者達が多いのです。

——このネランジャラの水が大海の中に一切合流してしまうように、死んでしまえば、肉体のすべてが大自然に還元されてしまうのだ。しかし、それぞれの河にはそれぞれの特徴があるが、その水の本質は、変わることはないのだ。

大宇宙生命の中にとけこんでしまっても、シッタルダーとしての個の生命は失われることなく、永遠の輪廻の旅を続けるのだ。

因縁因果によって、すべての生命は、それぞれの特徴を持って転生輪廻を体験して行くのである。そのために、良い因は、良き果てとなって現象化されるということだ——。

片よりのない正しい心の物差しが、どれほど心を豊かにすることかと、シッタルダーは、探し求めてきた偉大な道に、ようやく辿りついた美しさを、感じるのでした。

心を無にした禅定が、本当に誤りであるということがはっきりと解ったのです。

――肉体が舟である場合、その船頭である意識、その中心である心が不在であれば、どのようになってしまうであろうか。ネランジャラの岸辺の舟に船頭がいなければ、彼岸につくことはできないだろう。心を無にするということは、自らの肉体舟を不調和な者達に明け渡すということになるからである。マラーの跳梁に任せるということになってしまうだろう。

このような者に憑かれれば、もはや人間としての品性を失い、地獄の再現となる。

心の曇りをとり除いて、光明に包まれているときなら、マラーの跳梁に任せることはないだろう。

暗闇の山中を、灯火を持たないで走ることができるだろうか。お先真っ暗で、前進はできないだろう。どんな障害物が前途にあるか解らないし、夜行性の動物にいつ襲われるか知れない、という危険もある。

心の世界も同じことだといえよう。

心の灯火が失われれば、それは暗闇の人生である。人は、常に片よりのない中道の心と行ないによって、心に光明が与えられるのだ。心は、無にするのではなく、偉大な宇宙生命との大調和が大切だということである――。

青春時代への反省――四季の館は遠く

陽はまた昇ります。ウルヴェラの森に朝がきて、シッタルダーは、明るいものを感じます。それは、しかし夜明けだけのせいではありません。

昨夜の反省によって、幼少時に作り出した不調和な諸問題の原因が、すべて自らの作り出したもの、自己保存と自我我欲が災いを作っていたことが解り、心の曇りも少しずつ晴れたからです。

それは、悟りへの糸口でもありました。

禅定中に、甘ずっぱい息を吐き、シッタルダーの頬に冷たい鼻をよせてくる小鹿とも、すっかり友達になってしまいました。

他の動物達とも親しくなり、小鳥達までが、シッタルダーの心の中を読みとっているかのように、美しくさえずるのでした。

今までとは、確かに何かが変わってきた。自然も、自分の心の中もだ、とシッタルダーは思います。その明るさの中で、シッタルダーは、昨日の反省から進めて、二十歳にいたる、思春期の頃に思いを馳せるのでした。不調和な問題は、一切とり除かねばならないからです。

——曇った鏡には、本当の正しい姿は映らない。永い年月には塵もたまれば、埃もつく。しかし、それを払い退けて磨けば、本当の美しさ、真実が現われてくる。ただ、人は、塵や埃のために、なかなかそれに気がつかないだけだ。

人間の心も同じことがいえる。自分の片よった一人よがりの心と行ないが、苦しみや曇りを作り、真の自分を知ることができないということである。

人生に無常を感じていたためか、自分には、見るもの聞くことが常に苦しみのもととなり、悲しみを生んでいた——。

父王は、常に考えこんでいるシッタルダーの姿を見るにつけ、何とか明るい生活をさせよう、華やかな生活に眼を向けさせようと、歌姫や舞姫をそばへおくなど、その努力には汨ぐましいものがありました。しかし、シッタルダーは、ややもすると人生の苦しみから逃れようとして、不調和な低俗な生活をしたり、一時の煩悩を満足させても、心から楽しむ境地には到底なれないでいました。

一時の、本能の満足、情欲に沈湎《ちんめん》して自らを慰めていました。

冬の館、夏の館、春の館、秋の館には、それぞれ、ゴーパー、スバトラ、マノダラーなどの側室が常に控えていて、シッタルダーに尽くしてくれるのでした。

十七歳の年に、デヴダハ・ヴァーストの城主、スクラ・プターの娘、ヤショダラ姫を正妻に迎え、城内においては父王を始め義母のパジャパティーも、結婚すれば大丈夫と安心していたようでした。

ヤショダラは、義母の姪であり、気立てもやさしい女性でした。父王は、正妻を迎えればもっと王子としての責任を感じるであろう、早く王位も譲りたいと思っていたようです。

しかし、義母の考えは違っていました。気むずかしいシッタルダーより、実子のナンダを後継者として望んでいたのです。

父王が四十九歳、母が四十五歳の、年をとってからの子だっただけに、父王は、シッタルダーを王位につけることに大分焦りを持っていたのです。

シッタルダーは、その時代のことを思い出すとき、あまりにも不調和だったその想念と行為の多さに、どれから反省の糸口をほぐして良いのか、混乱するのでした。

外界で見るものに対しては憐れみを持ち、自分の生活においては自我我欲の面が多かった、そのことを考えるからです。特に、正妻や側室に対する行動は、相手の感情を無視したものがあり、自己満足以外の何物でもなかったからです。

気を遣う周囲の者達には冷たく、心の中に生じる人生の淋しさ、はかなさを無常に思い、常に他人の心に暗い影を投げかける。自分以外の人々のことを考える余裕がなかったとはいえ、あまりにも勝手気ままな生活行為に、正しい判断を欠いていたことを思ったからでした。

ヤショダラを始めとする側室達の、相互の精神的な葛藤、それもすべて自分が蒔いた種から起こったことであり、シッタルダーは、その犯した罪を、一人一人に、心から詫び、再び夜の大空の星を仰ぎながら、神に許しを乞うのでした。

動物的な行為、権力を傘にしてのわがままで人々に与えた大きな心の傷、それを、今さらのように恥じ入るのでした。

――いつの日か、それらの人々に、直接詫びる日もこよう――。

シッタルダーは、反省の過剰を自らいましめ、次の瞑想的反省の境に入るのでした。

――城を出ようと決心したときも、義母やナンダのことを考えると、複雑な気持になり、何か割り切れない淋しさがあった。父王の後継者と定まっていても、義母や義弟が仲良く父王の部屋で話し合っていると、心の中にわだかまりを作り、捨て鉢な心になってしまった。

自分の心や行ないをかえりみないで、義母達の団らんをこわそうとする心……。醜い自分の姿……。自己保存の憐れな姿しか心の中に映らないのである。王子としてなすべきことを怠り、義弟に対する嫉みの心のみが強かった――。

それを今、正しい心の物差しで判断すれば、いかに愚かしい心の状態であったことか、とシッタルダーは反省の中で赤面するのでした。

父王や義母の愛情を踏みにじって、子供のように駄々をこねてきた自分が恥ずかしい。

シッタルダーは、ウルヴェラの森からは遠い東北東の空の下になるカピラ・ヴァーストの方向に向かい、心からその誤りを詫びるのでした。

――他人の心の中を無視した、増上慢をお許し下さい――。

と天の神に、大きな過ちへの許しを乞うのでした。そして、想念と行動との相違の大きな矛盾を悟るのでした。

不調和な過去の行為の数々、弱い自分の姿が走馬灯のように、シッタルダーの脳裡に映ります。

――他人の感情を無視した行為は許されるものではない。人間はみな平等であり、自己の欲望を満たすために他人を犠牲にしてはならないのである。

特に愛欲は、大きく心に巣食っていた。肉体的な五官から入る欲望も、心の中にある本能と感情の在り方を正せば、ただ一時の快楽にすぎないもの、ということに気がついたものを……。

足ることを忘れて、他のものに心を移す欲望は、かえって苦しみを作り出すことになる。押えることでなく、関わり合わないことが大切であった……心が燃えていて、正しい判断ができるとはいえないのだ。理性を失ったそこにあるものは、本能のままの動物的行為にすぎないものである。

たとえ一時の欲望を満たしても、残した苦しみはつきまとい、ひとつ間違えば、憎しみの心を相手に植えつけることになる。

独占欲、安穏逸楽、自己陶酔、虚偽、苦悩、それらは、心に曇りを作り、大きな歪みの原因となる。

心の中で異性との行為を想像しても、姦淫になる。想念はものを現象化するからだ。そしてそのことは苦しみをまた作る。

また、他人の欲望をかき立てるような、挑発行為も慎まなければならない。自然のうちに理解できる、ということが大切であり、煩悩のままに生きるべきではないのである。

人間は、正しい心の基準にのっとり、自己を偽ることのない生活をすること、これが大切だ、ということだ。このくらいなら良いだろう、といった不確定な行為は慎まなくてはならないのである。

思慮深くなること。これを失ってはいけないのである――。

錆びついた、鉄の錆をとり除くことによって、地肌はでてくるが、やはりそれはもとの形ではなく、錆がついた分だけ、鉄の成分と酸素とが化合して減っているということです。

誤りを犯した暗い想念は、これと同じように、人間の意識の中に残り、修正することによって訂正はされるが、全部消え去るということはないのです。

人間は、この誤りをとおして、より豊かな心を作り出すための踏み台としなくてはならない、ということでしょう。

シッタルダーは、自ら作り出した心の曇りをとり除き、すっかり正しくなった見解に、自信を深めるのでした。

実在の世界か——淡い黄金色の心の世界をかい間見る

三日目の朝が訪れました。

昨夜は、一昨夜より心が落ちついたせいか、ぐっすりと眠れ、シッタルダーの身心は快適です。

小鳥や小鹿達の多くは食物を求めに行ったようです。太陽は、すっかりと顔を出し、ウルヴェラの森には、その慈愛の光がさんさんと降りそそいでいます。

マンゴの味が格別においしい。きびしい肉体行の生活のせいか、シッタルダーの髪の毛は、石灰をまぶしたように白々となっています。胡麻や木の実などを食していたため、栄養不良になっているのです。

眼はくぼみ、身体は日焼けして、昔の面影はすっかり消えてしまったが、水面に映っている今の顔は、二日前とは違っていることに気がつくのでした。

水浴をしてみても、足腰がしっかりしたような感じです。あばら骨は出ているが、血色は良くなったようです。

牛乳やマンゴも、シッタルダーの血と肉になったのでしょう。植物が、その生命を供養してくれたお蔭です。シッタルダーは、その植物に対しても感謝するのでした。

たとえ植物でも生命は厳然として存在しているのですし、それに報いることは、無駄にしないこと、それが報恩といえましょう。

シッタルダーは、大自然を友として、自由な心で反省を始めていたが、六年あまりも苦楽をともにしたコスタニヤー達のことを思うと、やはり気にかかるのでした。

――彼ら五人はどこに消え、今、どうしているのだろうか。相変わらず、頑固な肉体修行に励んでいるのであろうか。自分が飲んだ一杯の牛乳から別れ別れになった友達……。

シッタルダーは、今は食べるものは食べ、休むときには休み、寝るときは寝ています。――悟るまで死ねないという心も、生臭いものは一切口にしないという心も、さらりと捨ててしまった。そして、生と死の想いを断じてみると、実に気楽で、気分は爽快だった――。シッタルダーは、とらわれることから離れた人間の心が、これほどゆったりと安らぎのあるものとは、つい、二、三日前まで考えてみもしませんでした。

摂取するものは摂取している、坐禅一筋の肉体行とは雲泥の相違です。シッタルダーは、できればコスタニヤー達にもこの気持を語って聞かせたいと思いました。

いつか、マハー・ナマンがいった、

「ゴーダマ様、肉体を亡くしてまで悟る必要があるなら人間はなぜ生まれてくるのでしょうか。生まれてきたのは間違いではないでしょうか」

　この問いに対して、ゴーダマ自身もはっきりと答えられませんでした。それは違うと思いながら、ではどう違うかとなると、明解さを欠いていたのです。しかし今だったら、「肉体には肉体の役割があり、その役割をなおざりにしてまでも、なお悟りがあるとするのは、明らかに邪道であり、観念の遊戯にすぎない。悟りという心の問題は、健康な肉体と健全な心にある。病弱で、意識が不明瞭な者が、どうして神仏の心に接することができようか。

　大自然の計らいを見よ、太陽の熱と光は、常に健康ではないか。わめくことも、怒ることもない。神仏の心は、あの太陽のように、健全な心と肉体にあるはずだ。

　心を広く、大きく、開くためにはまず健全な肉体が必要であり、それは欠くことのできない絶対の条件といってもいい。悟りの大きな前提は、精神と肉体の調和にある――」

　といえたことでしょう。

　マハー・ナマンは、肉体行に対して疑問を抱きながらも、一口の牛乳で、シッタルダーから離れ、彼らと行をともにしてしまいました。

シッタルダーは、今さらどうすることもできないが、中道の心について、彼らともう少し話し合えば良かった、と思うのでした。

ネランジャラの川岸の牧草の上で、両の手を枕にしたシッタルダーは、大空を眺めながらすぎた日の、きびしかった肉体行を思い出しながら、いろいろと考えるのでした。

――雲ひとつない大空。あのように澄み切った広い心になれば、太陽の光がさんさんと自然に降りそそぐように、自分の心の中にも神の光明が降りそそぐだろう――。

心の曇りをとり除く反省こそ、重要であることを、シッタルダーはしっかりと心に銘記するのでした。

草むらの中から、何か足音がします。ふっと右を見ると、いつもの小鹿が口をもぐもぐさせながら近づいてきます。シッタルダーが知らん顔をしていると、小鹿はそばまできて、同じように草むらに身体を横たえ、安心し切ったくりっとしたやさしい眼で、シッタルダーをみつめました。

敏感な小鹿が恐れもなく、いつもそばによってくるということは、危害を加えられないことを動物本能で知っているのでしょう。

十代のとき、クシャトリヤ達に連れられて狩をした当時のことを思い出し、無残に動物を殺した仲間達のことを、無慈悲な行為として、シッタルダーは小鹿に詫びるのでした。

自然に生かされている動物達にも、彼らには彼らなりの環境の中で、その目的や使命はあるのです。そうして、自然界における体験をしているのです。

たとえ話は通じなくとも、人間とこのように親しくなる以上、心が通じているのかも知れないでしょう。このように、動物達ですら人間と仲良く共存できるのに、なぜ人間は、互いに通じる言葉がありながら、意志が通じないのだろうかと、シッタルダーは悲しく思うのでした。

同じシャキャ・プトラー（釈迦族）であるデヴダハ・ヴァーストのコリヤ・プトラー（コリヤ族）ですら、領土問題となると、互いに反目し、ロシニー河を挟んでクシャトリヤ達が一触即発の状態になったこともしばしばで、マハー・コーサラ・ラジャンの仲裁によって仲なおりをするという、信頼できない社会状勢だったのです。

かりそめにも、シッタルダーの生母やパジャパティーの実家です。それですらこのような兄弟喧嘩は珍しくないのでした。

バシチー国やカシー国のように、文明の発達した、バラモン教の盛んな国でも、他国の間者達によってかき回され、混乱を引き起こすことがあったのです。

コーサラ国の属国であるカピラ・ヴァーストは、コーサラ国全体、またマガタ国やカシー国などに比較すれば、それは全く小さいところでした。

カピラ・ヴァーストは、コーサラ国の首府、シラヴァスティーからは六十八ヨジャナー(一ヨジャナーは、ラジャン〈王〉の歩く一日の距離)、ヴェサリーの都からは四十九ヨジャナー、マガタ国のラジャ・グリハの都からは六十二ヨジャナーの距離にあって、ヒマラヤの麓に位置していました。

太陽が東から出て西に沈み、再び東から出るときの一周期が、一日と定められています。シャキャ・プトラーの人口は約百万人くらいで、国の周囲は二十ヨジャナーほどの広さでした。

父王の兄弟は五人、二男はシュクロー・ダナー、三男はドウロー・ダナー、四男はアムリトー・ダナーと呼ばれており、長女をアムリタと呼んでいました。

祖父は、シンハハヌ・ラジャンと呼ばれた人でしたが、シッタルダーの生まれたときにはすでにこの世の人ではありませんでした。

シャキャ族の発祥は、大ポータラ国のラジャン・イクシュヴァークの子孫で、第二王姫の希望によって、二人の子供とともにカピラ・ヴァーストを作りましたが、父王を招待したときに、シャキー、といってほめられたため、その子供達はシャキャという種族名を名乗るようになったようです。

シャキャとは、立派とか、良くできたとかいう当時の言葉であったようです。

このように、シッタルダーは、父王から肉体先祖のいろいろを伝説として聞いていたため、先祖のことについては良く解っていました。

スット・ダナー王の手足となって政治を行なっていた、マシェルもシャキャ・プトラーでした。外務をやっていたスブティーは、富豪のヴェシャー（長者）で、コーサラ国の出身です。この人の母はシャキャ・プトラーで、特にスブティーはカピラ・ヴァーストの貿易をとおして他国との折衝を担当、活躍していたようです。年齢もシッタルダーの五つ年上ということで、バラモン教の教典には非常に詳しく、忘れられない人です。

マシェルが亡くなったあとは、ゴーセーが長官として業務を継ぎましたが、父王の兄弟達も成長し、叔父のシュクロ・ダナーの子にはナンデイカとバドウリカという兄弟がおり、ドウロー・ダナーには、アーナンダとデーヴァダッタという兄弟の子がおりました。三男の叔父にもアニルッタとマハーナマという兄弟の子がおり、いずれもシッタルダーの従兄弟として、子供のときには楽しく遊んだ仲間でした。

叔母のアムリタにも、テイショヤーという子があり、父はカピラのクシャトリヤでした。

シッタルダーは、

――従兄弟達も、自分と同じように、人生の苦悩を味わっているだろうか。おそらく彼らは無関心でいるだろうが、それで良いのだろうか――。

と大空を眺めながら、心の中で、カピラ・ヴァーストのことに思いをめぐらせるのでした。

大樹の蔭もいつか小さくなり、足もとまで直射日光が当たり出しました。シッタルダーは腰を上げると、ピパラーの修行場に帰るのでした。

そしてまた、一瞬一瞬の自分の心の動きを、正しい片よりのない判断で、子供の頃のことを思い出し、不調和なできごとを探し続けるのでした。

——誰一人とて訪れてくる者のない、このウルヴェラの森。友は小鹿と小鳥達だ。だが、彼らは決して自分を欺くようなことはしない。

彼らは、自らに足ることを知っている。自分に必要な食糧が腹の中を満たしていれば、それで満足しているのである。

そして小鳥達は、ピパラーの枝から枝を渡り飛んで、楽しそうに毎日を送っている。その彼らは、全く苦しみを知らないように見える。

しかし、人間はどうだろうか。

おのれの欲望を満たすためには、同じ人間の生命までも奪うことをする。欲望は、とどまることを知らない。

なぜなのだろうか。

自分が満たされていても、肉体子孫のためにといって他に勢力を伸ばして行く。すべてのことを成しとげることができる人間が、なぜ欲望の塊りのような、足ることを忘れ去った万物の霊長になってしまったのだろうか。

この世を去るときには、何ひとつ持ち帰ることができないということを知りながら、死の床まで執着から離れることのできない者達が何と多いことだろうか――。

社会の混乱はここにある、ということを、シッタルダーは悟るのでした。

――不平等の世界。人間の作り出した不調和な考え方。貧富の差。武力や権力で弱い者達を支配する強者という者達。自分達の栄華のために大衆を犠牲にしている。布施の心がないのだ。奉仕の心が失われているのだ。

象の群れでさえ、その集団は、互いに助け合って生存している。猿もきびしい掟によって、ボスになれば、一族を守るために自らの身を犠牲にすることもする。

人間の指導者は、自己保存が強すぎるのではないだろうか。

むしろ、知恵の乱用をしているのではないか。

指導者は、大衆のために不平等な環境を作るべきではないし、自ら大衆の範たるべきである。おのれに甘く、他人にのみきびしいような指導者は、もはや大衆の敵であり、偽善者という以外にないだろう――。

シッタルダーは、社会の矛盾についても、正しい心の物差しで、混乱の原因を追及して行くのでした。

夕闇はウルヴェラの森を包み、小鳥達もすっかり静かになり、夜空には、昨日と同じダイヤのような美しい星がきらきらと暗い大地をみつめているようです。

シッタルダーは、竹の筒を口に当てて、残り火を焚火に移します。吹くたびに炎は明るく、ピパラーの下枝を照らし出しています。

シッタルダーは静かに瞑想に入って行くのでした。瞑想に入ると、外の暗闇と違って、黄金色の丸い太陽は柔らかい光を放ち、シッタルダーの心の中を照らすのでした。それはまるで真昼のような明るさです。

——これが光明なのかも知れない——。

身体は安らぎ、心も平和です。現実の光と異なる点は、明るさにふくらみがあり、小さな粒子のような光がシッタルダーの身体全体に降るようにそそいでいることでした。

眼を開くと、今までのウルヴェラの森とは違った美しい景観が眼の前に展開されていました。

——澄み切った紺碧の空。植物は若葉の色でスロープのある丘一面を、じゅうたんのように敷きつめている。美しい自然だ。色とりどりの小鳥達も飛んでいる。暗闇のウルヴェラなのに、眼前は光明に包まれて、これは全くこの世の風景とは思われない。これこそ、永遠の実在の世界なのかも知れない――。

シッタルダーは、この実在の世界の光景をしっかりとみつめました。そして、もっと良く知ろうとして、凝視した瞬間に、それは消えて、またもとの暗闇にもどっていました。

しかし、シッタルダーの胸は、嬉しさで熱くなっていました。たとえ消えたからといって、それはたしかに、ひととき、眼の当たりにした、体験した光景のひとこまだったのです。

今現われた現象は、次元の異なる実在の世界であり、暗闇の世界が現実の姿、つまり明と暗、それは心の内面の在り方によって異なってくるのだ、ということを、知ることができたからです。

明の実在と、暗の現実は、そのまま心の善悪を象徴しており、その善悪を見極めることが、悟りの本質に迫るものである、と発見するのであった。シッタルダーは、ふるえるほどの喜びが心の中に湧き出るのでした。

――太陽は丸く大きい。その熱と光は、万生万物に、平等に与えられている。

黄金色の心の世界を照らしている太陽も、もともと、人間に慈愛の恵みを惜しみなく与えているのだ。

その心の太陽が暗くなってしまう原因は、心の不調和な想念と行為によって曇りが作り出され、光を妨げているということがはっきりと解る——。

シッタルダーは、やはり正しい心の行為が大切なのだと、ここでも思い知らされるのでした。

——人間の苦しみ、悲しみは、この曇りが作り出しているのだ。

湖面に映る月は美しい。

しかし、一度波紋が画かれると、その月影は無残に崩れて行く。

人間の心もこれと同じように、湖面に映る美しい月影、正しいものは丸く豊かな詩情をたたえているのだが、波紋という心の乱れが生じると、大自然の恵みを、その美しさを失ってしまうのである。

また、母親のそばで無邪気に戯れる小さな子供は愛くるしいもので、苦しみも悲しみもない。

しかし、純真な子供がときとともに成長し、家庭、教育、習慣、友人との交流などという環境の条件によって、次第に自我が芽生え、純真な心に陰を忍ばせ、曇りを作ってゆく。

やがて、周囲のさまざまな影響によって、自己という意識が確立され、自己保存の念は、心の中に大きな歪みとなってその人間の人格が形成されて行くが、苦しみの原因は、実はこうした自我の眼覚めから始まるのである。

自我の眼覚めは、さまざまな波紋を画く。そして自己保存の道を辿るのだ。

自分の都合の悪いことには、感情的となり、耳ざわりの悪いことには怒りを打ちつけ、良い話を持ってこられると、腰を浮かしてそれに乗ってしまう。

しかし人は、なぜそうなるかということをみつめようとはしない。

世の混乱の源は、問題の原因を求めないでこうした自己の都合や現象に左右されてしまうからである。

大自然の色彩もまた、山川草木の調和によって作り出されていることを知るべきだ。

人間社会の闘争と利己主義、階級制度を作ったものとしても、バラモン種の優越感には多くの矛盾が見られるといえる。

「生まれてこなければ、このような苦しみを受けないですむものを」

と考えるが、生まれてきた以上は、何らかの目的と使命があるはずだ。

その目的とは、一体何だろうか。

使命とは何なのだろうか。

いかなる者も、いつかは年をとり、病いを得て死んで行く。人間は、死から逃れることはできないのである。

ラジャンも、シュドラーも、裸で生まれ、やがて裸のまま死んで行く。

そして死ぬときには、地位も、名誉も、財産もすべてこの地上においてゆかなくてはならない。

だが、それでも欲望の火は消えない。

執着する心から離れることができないからだ。

五官をとおして、感知できる現象の世界は、無常そのものである。無常と知りながら、欲望に満ち足りることなく、なお人間は悩みを持ち、欲望に翻弄されている。

人生は、所詮、苦しみの連続なのである。

苦しみのない人生があるとすれば、それは、現実との妥協か、逃避か、自己満足のいずれかであろう。

「生まれてくることが間違い……」

といわれても、太陽が東から出て西に没するという輪廻の循環は、人間の魂にとっても例外ではないはずである。

とすれば、欲望を持ち、苦しみを抱いて、一生を終えれば、その苦しみは、くり返すほかないだろう。

苦しみのくり返しは、人間にとって最大の不幸だといえよう。少なくともこうして、人間として生まれてきたからには、苦しみを抱いたままで死を迎えることは避けたいものだ。

すべての人が、その望むところは、死を迎えるまでに、その悩みから解放されることであろう。

幸せこそ、解脱なのである。

その解脱の道とは何であるのか。万人に共通する解放への道はどんな道であろうか。

人間は、眼覚めているときは、あれこれ考え悩む。しかし、一度眠ってしまうと、一切が不明になってしまう。

耳や鼻、心臓、胃腸と、眼覚めているときと同じように働いているのに、眠ると、何もかも分からなくなる。

記憶すら消えてしまうだろう。

眼が覚めて、初めて昨日のこと、朝の現実を知り、再びあれこれと想い悩みが始まる。

その苦しみの原因は、肉体以外の心に問題がある。思うこと、考えることの心の作用が、いろいろな苦しみ、悩みを生み出しているのだ。

その悩みは、肉体の眼と、社会生活の体験と、自ら学んだ知識によって、あるものを美と感じ、あるものを醜と見、善と思い悪と断じているからといえる――。

シッタルダーは、一日目と同じように、〝心〟の問題についてもう一度考えなおしてみたが、正しい物差しこそ、心を豊かにする根本だということが、はっきりと解ったのでした。

しかし、二十代の反省にかかって、はたと壁にぶつかってしまいました。その壁とは、カピラに残した妻や子、老いた父や多くの釈迦族のことを考えたからです。悟るために出家した、そのことに対する、疑問でした。

自分が現在なしている行為が、自己の魂を、正しく磨く道から外れているように思えたからでした。少なくとも現在のシッタルダーは、妻子をおいて城を逃げ出し、独りこうして禅定三昧に浸っているのです。

正道の一つである、精進に照らしてみると、自分の今の行為が正しいかどうか——疑問が残るのでした。

——それは、生活からの逃避ということにもなるだろう。本来なら、与えられた環境において正道を実践して、悟りの境地に到達しなくてはならないはずだ。

しかしカピラ・ヴァーストのような、あらゆる不調和な環境では、それはおそらく不可能なことだった。

とり巻きの女達や、王子としての地位、他国との関係……考えれば考えるほど、両極の道を歩まねばならなかっただろう。

城主の後継者としては、義弟のナンダもいれば、従兄のバドウリカや、マハーナマ達もいる。ラフラーが成長すれば、それを継ぐこともできるだろう。

ヤショダラには、パジャパティがいる。シッタルダー王子、自分がいなくとも、丸く治まる要件は備えている。

父王も義母も、ナンダに王位を継承させることだろう。しかし、父の希望を退け、出家するときに生まれたラフラーをおいて出城したこと、ヤショダラを捨てたことはどうなるのか。

正道では、あくまで、親子、夫婦、兄弟などの調和に神理があるのだ。だが、自分は、家庭を捨てて一人でいる。家庭の調和については、全くの無資格であるというしかない。その無資格者の道を選んだのは、誰でもない、自分自身であった。ヤショダラの悲痛な顔が眼に浮かぶ——。ラフラーは、父なし子として苦労しよう——。

ただ救いは、ヤショダラとラフラーのこと以外は、カピラにとっては、自分の出家がマイナスにはならないということである。小事を捨てて大事に生きる以外にはない。

どう考えても、ナンダにカピラをゆずることが、国の安泰につながる、という結論に達するのだ——。

シッタルダーは、不甲斐ない、夫として父として、ヤショダラとラフラーに心から詫びるのでした。

自己追求――梵天に化けてきた悪魔

こうして、三日目の反省は終わりました。四日目の反省は、外部の混乱と、それに対するカピラ・ヴァーストのクシャトリヤ達の闘争、不調和な諸問題についての思い出に向くのでした。

そして五日目。シッタルダーは、きびしい、自己追求への反省をするのでした。

自ら一点の甘さも許さない心境で、心の中の想念と行為について、しっかりとみつめ、その欠点を修正して行くのでした。

やがて、反省のあとで、心の安らぎが訪れます。

同時に、不動の心が、自然と備わってくるのでした。

太陽が沈んでから禅定を続けるシッタルダーのその姿の周囲は、何度目かの暗闇に包まれ、残り火のような焚火の火が、光となって照らしているだけです。

夜も更けて、森の中は、静まりかえります。

シッタルダーが、反省の瞑想を解こうとして、現実の自分にもどり、横になろうとしたそのときでした。

突然、生暖かい風がその頬をなで、やがて強い風が吹いてきました。

あれほど静かであった周囲が、急にざわめき、ピパラーの葉は風にあおられ、大気が生き物のように動き出すのでした。同時に、強い異様な臭みが鼻をつきます。そして、いつの間にか、シッタルダーの眼の前に、青く光るバフラマン（梵天）が立っています。

バフラマンはじっとシッタルダーをみつめ、みつめ返すシッタルダーにいいました。

「カピラの王子、シッタルダーよ、お前は城に帰りなさい。カピラには、父王もお前の母も、愛する妻子も、多くのクシャトリヤ達も待っている。

どんな修行をしても、人間は人間、所詮悟ることはできないのだ。地位と権力のある者が偉大な人間なのだ。

だから、シュドラーを自由に使い、多くの女にかしずかれるといった優雅な生活をすることを、神は許しているのだ。

　お前がいかに慈悲深い心を持っても、我欲の塊りのような人々を救うことはできないだろう。

　骨と皮になって修行しても無駄なことだ。

　お前が修行を捨てて、城に帰れば、そこには、やがて全ヨジャナー（全世界）の王としてすごせる優雅な生活が待っている。

　神は、それを認めている。お前は、そうした生活をするよう、神からその生を与えられたのを忘れたのか。

　シッタルダー、生命が輪廻しているのならば、今の原因は来世の結果となり、王としてこの世を去れば、来世も王としての地位が約束されるのだ。

　今のような苦行をしていれば、来世も悟ることなく、また苦しい修行が待っているということを忘れるな。

　お前は、転生輪廻を信じているが、そんなことはないのだ。お前の生命も、肉体が亡ぶときは、ともに亡びて終わるのだ。

生きている間だけが人生だ、ということを知るべきだ。

お前は、健気に道を求め、苦しみから解脱しようと一所懸命に努力しているが、無駄な苦労はしないことだ。天に向かって唾を吐くようなものだ。

苦しんで生きるのも、楽しんで生活して行くのも一生は一生だ。

どうせ、同じ一生なら欲望のままに、優雅な生活を選ぶべきだ。

幸い、お前はカピラの王子として、将来、全ヨジャナーの大王になることが約束されている。お前がこのようなみすぼらしい生活をしているとは淋しいことだ。

修行をやめて、カピラに帰りなさい。

私は、神としてお前を守ることだろう」

バフラマンは、大きな声でそう語りました。それは、威厳に満ちたものでした。

シッタルダーは、一瞬戸惑いました。

輪廻とか、苦行、我欲の塊り、そのいうところは、いろいろ筋がとおっていたからです。

ヴェダーやウパニシャドやヨギー・スートラの中に書かれている事柄を、その意図を、平易に、淡々と語るところをみると、眼の前にいるこの人は、本当の神なのかも知れない、とシッタルダーは思うのでした。

しかし、解せないのは、異様な臭みです。それは、けものの体臭を感じさせるのです。それに、ゴールド・カラーとはかけ離れた、青光りする光も気になります。安らぎの光明とは思えない、そうシッタルダーは思い惑うのでした。

姿は、壁画や石像などに見るものと同じような感じです。

後光の光の色が気になりましたが、シッタルダーは、勇気を持って疑問を聞く決心をしました。相手の双眸《そうぼう》をみつめたままです。

「あなたは、どなたですか」

「私はバフラマン」

大きな声がはね返ってきます。

「あなたは、今、生命はこの世限りと申されましたが」

「そのとおりだ。あの世があるなら、誰にでも見えるはずだ。見えはすまい」

「太陽を始め、大自然界の万生は、すべて輪廻しているが、なぜ人間だけが輪廻しないのか」

「肉体は、子々孫々に輪廻しているが、生命の輪廻はないのだ。輪廻しているならば、人間は、その過去世を思い出せるはずだ。お前は過去世を思い出せないだろう。それが何よりの証拠ではないか。あの世など存在していない。今の世以外には、世界は存在していないのだ」

「あなたはあの世がないといっているが、あなたこそあの世の人ではないか。あなたはどこからきたのだ」

「何をいっているのだ」

「あなた自体、どこからきたといっているのだ。この地上界の者なら、この世の肉体を持っているだろう」

「そ、それは……」

バフラマンは、返答に窮してしまいました。そのとき、バフラマンの姿は、魔王の姿と二重映しのように、変化していました。

シッタルダーは、相手の正体を見破ったのです。

異様な臭みと、論旨の不一致、相手を威圧するような態度に、神とはおよそ縁もゆかりもない悪魔共通の性格を、見てとったのです。

「お前は、誰だ。本性を現わしなさい！」

シッタルダーは、厳とした態度で、そういい放ちました。

バフラマンと名乗る相手は、シッタルダーの語気に押されたのか、居丈高《いたけだか》だったその態度も、空気のもれた風船のように急にしぼみ、すっかり魔性の正体を現わしてしまいました。

「この森は、わが家も同然、お前達のくる場所ではない。とっとと出て行け！　俺は、魔王《マラー》だ、魔王《マラー》だ！　お前など悟れるわけがないわ」

そのとき、シッタルダーは、大きな光に包まれていました。

「パアピアス・マラー、お前もかつては人間界で生活したこともあろう。その人生を、怒りと憎しみとおごりと偽りで送り、人を殺すことも平気でやり、地獄の魔王になり下がったのか。憐れな魔王よ、お前の心の中には、慈悲も愛もないのか」

と、両手の掌を魔王に向けると同時に、魔王はおそれおののき、シッタルダーを包む光によって、口を開いたまま語ることができなくなってしまいました。

「パアピアス・マラーよ。私はもはや、王の地位など望んではいない。一切の執着から離れたのだ。マラーよ。お前は、暗い世界の王者であっても、心の中に安らぎなどないはずだ。

部下からはいつも裏切られ、権力の座からいつ追われるかも知れない。

そんな不安な暗黒の世界に住むより、安らぎの平和な世界をなぜ求めないのか。

お前も神の子ではないか。

今までの誤りを改め、犯した罪を心から神に詫びることだ」

シッタルダーがそうさとすと、魔王は再び居丈高になりました。

「何いってるんだ。俺様はな、上上の上の魔王様だ。宇宙で一番偉い王なのだ。お前のような者に、屈服する俺様と思っているのか。

馬鹿者めが！　とっととこのウルヴェラから出て行け！……」

シッタルダーに、すっかり見破られたパアピアス・マラーは、本性むき出しに食ってかかるのでした。

「パアピアス・マラーよ。このウルヴェラに執着を持ってはいけない。お前達の世界は、この地上界ではないはずだ。怒る心は、自らを苦しみに落としこむことになるのだ。

マラーよ。お前は自分の心に嘘がつけないはずだ。

お前も神の子ではないか。

たとえマハー・マラー（大魔王）であっても、特別に太陽の光が与えられているわけではないだろう。

権力や暴力で支配しようとしても、人の心を支配することはできないのだ。

人は魔を恐れる。しかし、だから肉体的な行動に制限ができても、心の中の自由を束縛することはできないだろう。

お前がいくら威張ったところで、自己満足にしかすぎないし、心の平和にはほど遠いものだ。心の平和が訪れれば、心の曇りは晴れ、光明に包まれて安らぎの境地に到達することができるのだ。

怒りを捨てなさい。嫉みを捨てなさい。そしることをやめなさい。増上慢な心を捨てなさい。

今まで犯した罪の許しを、神に詫びることだ。そのとき、お前は救われるだろう」

怒るマラーに、シッタルダーは人の道をやさしくさとします。神の光におおわれているシッタルダーに、マラーはつけこむ隙を見出せません。しかもシッタルダーの光によって、また口を開いても、言葉にはならないのでした。

魔王の頭脳は、いわばこの世の精神分裂のように、筋道の立たない言葉を吐き、得々としているところに特徴がありました。ああいえばこういう、こういえばああいう、屁理屈の羅列なのです。

シッタルダーは、言葉を続けます。

「パアピアス・マラーよ。お前は、なぜ明るい天国を嫌うのか。いつも寒い、ひもじい世界で、一人で力んでいても、お前の心は淋しく不安におののいているではないか。そのような虚勢を捨て、権力に対する執着、形だけの強がりを捨てなさい」

しかし、パアピアス・マラーは、シッタルダーの慈悲の言葉を聞こうともせず、シッタルダーの坐しているピパラーの大木の周囲を、マラーの子分達によって包囲してきます。

そしてその包囲網を少しずつ縮めてくるのでした。

色とりどりの彼らの形相は、見るからに恐ろしく、まるでそれは化物の集まりのようでした。シッタルダーは、坐したままその彼らに調和の光を与えていました。マラーを始め子分達は、その光にいつの間にか金縛りになって、身動きひとつできないばかりか、封印されたように言葉も発することもできませんでした。

彼らにすれば、シッタルダーが悟りを開けば、人々の意識について迷わしている自分達の配下も見つかり、自分達の居所はおろか、生活の場も失ってしまうということです。だから、悟りを開こうとしているシッタルダーの修行をやめさせようとしているのです。

人々の心と行ないが、正道にかなえば、それらの人々は光明に満たされ、悪心を持つ人も少なくなってしまう。そうなれば、彼ら魔王達は、地上界の人々を支配できなくなるということもあるのです。

そのため、彼らは、必死に反撃を試みようとしているのでした。

「パアピアス・マラーとその子分達よ。私のいうことを素直に聞きなさい。

お前達も神の子だ。

神の子であるのに、生前のお前達は、怒り、そしり、恨みの念が強く、人を愛したことも愛されたこともない。

しかしお前達も、自分の子供を育てたことはあるだろう。神の愛も、慈悲も、それと同じだ。

お前達は、みな鬼のように心が荒んでしまったが、それでも神は、お前達を見離すようなことはしないだろう。

自分に嘘のいえない、善なる心に、勇気を持って復《かえ》るのだ。仏性を思い出すのだ。

私の与えている光は、天国の光だ。神の慈悲から送られてくる、安らぎの光だ。

さあ、執着を捨てて、今までの過ちを詫びて、仏性を現わしなさい」

そういうと、今までシッタルダーの周囲をおおっていた暗黒の塊りは、まるで氷が砕けるように、光が点じられて行きました。

風も大分静かになりました。

魔王は、最後までがんばっていましたが、所詮、闇は光に抗することはできませんでした。

マラーの心の中にも、光は入って行ったのです。彼は両膝を地につけ、シッタルダーに向かって手を合わせ、合掌するのでした。

闇は、明るくなりました。

明るくなると同時に、彼らの姿は消え、ガヤ・ダナーの屋根は、大きな象の背のように、星明りの中に浮いてきました。

マラーといえども、人の子だったのです。

慈悲の光を知っていたのです。

慈悲の光に合うと、彼らは手も足も出ないばかりか、内在する神性、仏性が表われて、今までおおっていた暗黒の想念も祓い浄められて行ったのでした。

シッタルダーにとって、勿論マラーとの対決は初めてのことでした。今まで、聞いたことも喋ったこともないパアピアス・マラーへの言葉が、自然と口をついて出てきたことに、戸惑いを感じていました。

しかし、彼らが消えたあと、今の現象と不動のおのれをかえりみると、現在、多くの神々によって自分が護られているということを自覚するのでした。

シッタルダーの心は、自信に満ちてきました。

多くの神々に護られているという自覚によって、おそれる何者もないことを知ると、安らぎと自信というものが、心の底から湧き上がってくるのでした。

周囲の暗がりと対照的に、シッタルダーの身体は黄金色に包まれ、四辺は、真昼のような明るさでした。

心から一点の曇りもなくなり、すべての暗い想念が消えたため、神の慈愛の光に満たされたからです。

シッタルダーが、今までに体験したことのない、それは安らぎの境地であり、自然に、悦びがこみ上げてくるのでした。

このような悦び。これが人生の本当の姿なのかも知れません。

——人間がこの地上界に生まれてきたときは、誰もが、丸い豊かな心であったろう。それが、生まれた環境や、教育や思想、習性によって、自我が芽生え、欲望によって、心の中に歪みを作り、暗い曇りに閉ざされる。自ら神の光をさえぎり、苦しみを作り出してしまうのだ——。

シッタルダーは、こみ上げてくる悦びに泪を流し、親なる神の真心に心から感謝するのでした。

汚れ果てた僧衣は、シッタルダーの悦びの泪で濡れて行きます。じっと、眼を見開いて星空を眺めていると、音楽の音が聞こえてきます。

それは、壮厳な、それでいてやさしい旋律でした。バフラマン界の天女達が奏でる音楽でしょう。

その旋律は、あるいは高く、低く、魔王を屈服せしめ餓鬼界に堕ちた人々を救ったシッタルダーを祝福するかのように、ひびき渡ってくるのでした。

遂に悟りを開く——眼下に展がる大パノラマ

七日目の夜がやってきました。

静かな夜でありたい、今夜も。そして平和な心でありたい、とシッタルダーは横になりましたが、昨夜のことが思い出され、あふれてくる悦びの泪をとめようもありませんでした。

そして、何か眠る時間も惜しいような気がしてきて、出家の六年間を、もう一度ふり返ってみることにし、瞑想に入りました。

反省する瞑想のときは、静まり返ったウルヴェラの森と同じように、時のすぎるのを知りませんでした。

シッタルダーは、肉体的に疲れることはいけないと思い、しばらく身体を休めることにしました。ぐっすりと、心に何のわだかまりもなく、大自然の中に吸いこまれるように眠りに入りました。

小鳥達のさえずる声に、ふと眼を覚まします。すでに、東の空が白んでおりました。

シッタルダーは、ネランジャラの河岸に出て、身体を洗いつつ七日前のことを思い出しました。

チュダリヤ・チュダータの美しい歌声に誘われて、六年間の苦行から眼が覚めたことを思い出したのです。そして、正しい心と行ない以外に道はないということが、そのきっかけによって発見され、安らぎの心を持ち得た、とシッタルダーは、改めて心の中でチュダータに礼をいうのでした。

幾年も探し求めて、遂に得た道は、あまりにも身近な、自分の正しい心の中にあったということに気がついたからです。

朝露の牧草を踏みしめる足どりも軽く、シッタルダーはピパラーの根元にもどり、大きな深呼吸をして腹に力を入れ、徐々に呼吸を整えながら、再び禅定に入るのでした。

心が調和されるとともに、大きく丸い黄金色の太陽の光が、シッタルダーの身体全体を、柔らかく包みます。瞑想の中で、中の眼を開くと、淡い光が、小さな黄金の粒子となって眼の中に飛びこんできます。

何か、次第に身体が大きくなってくるような気がします。

瞑想をとき、眼をあけると、シッタルダーは、それまで自分を雨露から守ってくれていたピパラーの大木よりずっと高くなり、日夜仰いでいたガヤ・ダナーをも眼下に見下ろすほど巨大になっていました。

そして、小さなもう一人の身体が光に包まれて、大きな意識体の自分の膝の上にいるではありませんか。

意識の拡大は、テンポを早めて行きます。

明けの明星が、足下に見えます。

そして、もう一人のシッタルダーは、小さな粒のように、はるか下方に坐しています。

全ヨジャナー三千大千世界が、美しい星とともに、シッタルダーの眼前にくり展げられているのです。

それは、何ともいえぬ美しい世界でした。

生命の躍動が、手にとるように感じられてきます。

あの森も、あの河も、町も、すべてを乗せた地球も、天体の星々も、神の偉大な意志のもとに息づいているのです。

それは、まるで、光明に満ちた大パノラマを見ているようです。

そして、巨《おお》きく拡大されたシッタルダーの身体、その肌には、生きとし生けるものの鼓動が、じかに感じられてくるのでした。

大パノラマは、そのまま、シッタルダーの意識の中で動いている世界なのでした。

シッタルダーは、遂に悟りを開いたのです。

三十六年間の人生航路における、想念と行為の不調和な曇りが、この瞬間において、光明と化したのです。

シッタルダーは、探し求めてきた安らぎの境地に到達し、ようやく苦しみの人生から解脱することができたのでした。

そして、大宇宙の意識と同体となったのです。

シッタルダーは、初めて、人間の価値を悟ったのでした。

いうまでもなく、人間とは神の子であり、人間と大自然というものが常に一体となって呼吸をし、神の意志とともに、大自然に存在している、ということです。

自然を離れて人間はなく、人間はその自然を、神の経綸にしたがって調和してゆくものであることを、シッタルダーは悟ったのです。

――地上の喜怒哀楽からは、こうした自覚は生まれてこない。物を物として見ている間は、心の安らぎを求めることはできないのだ。

まず物から離れ、物を生かしている実在を知ることによって、物の価値が認識できるのである。

色心は不二一体である、という認識は、人間の心が物から離れ、物を客観的に見るようになったとき、初めていい得ることであった。

色は、眼でとらえることのできる一切の色彩を持った万物をいい、人間の肉体も色なのである――。

多くの神々によって護られ、しかもこうした大きな自覚を得た悦びに対して、シッタルダーの胸は、ただ感謝の念で一杯になるのでした。

感謝が胸にこみ上げてきて、落涙をとめることができませんでした。

黄金色の光の粒子が、シッタルダーの周囲に無数に降りそそがれます。

坐している地上はその光で輝いています。

天の一角からは、天女達の歌声が聞こえてきます。

それは、シッタルダーの悟りを祝う悦びの大合唱でした。シッタルダーは、その大合唱を心で受けとめながら、法悦に浸るのでした。

――心の隅に巣食っていた部分が、魔王達に通じていたのだ。

怒り、ひとりよがり、恨み、我欲、闘争、破壊の心が、心の隅にあったのである――。

しかし今は、すべてが光に変わり、宇宙こそわれなりの境地に浸るのでした。

瞑想の極地では、時間の経過は分からないものです。ときの流れは、疾風のようにすぎて行きます。ときは、今という瞬間を教えるのみで、大自然の輪廻は、ひとときの休みもなくすぎて行くのです。

シッタルダーは、感激にふるえながら、瞑想を解くと、宇宙即我の悟りの状態から、五尺余の、現実の自分に立ち還るのでした。

上を見上げると、空には雲ひとつありませんでした。紺碧のその空は、ウルヴェラの森を柔らかく抱擁するように、円を描いて広がっています。

太陽の光線は、ピパラーの枝葉をとおして、シッタルダーを映し出しています。

その眼前では、シッタルダーの悟りを喜び合うように、万物万生が生き返り、躍動しています。

大地も、樹木も、雑草も、虫達も、ピパラーの枝に羽根を休める小鳥達も、その生を楽しみ、シッタルダーを眺めている風情でした。

シッタルダーは、それに応えるように、慈愛の念を送りました。

眼覚めてみれば、自分をとり巻く大自然の美しさ、万生万物相互の密接な関係、その伏線の精妙さが、今は良く解ります。シッタルダーは、生きている喜びをかみしめながら、また泪が尽きないのでした。

――この自分の、今の境地を、人に話して解って貰えるだろうか。人間とはこういうものだ、と説明して、人は信じてくれるであろうか。バラモン教を始め、外道の乱立、混乱した不調和な心などが、習慣から脱皮して、この正道を受け入れてくれるであろうか。衆生は眼覚めてくれるであろうか――。

シッタルダーは、法悦の境地のなかで、こんな設問を考えるのでした。そして、話しても解っては貰えまい、と思うのでした。

しかし、シッタルダーは、ともかく生老病死から解脱し、転生輪廻の業からも脱して、永遠の生命を悟ることができたのでした。

――永遠の生命とは、生老病死のない世界である。肉体の中に、もう一人の自分があって、それが輪廻から解脱する不生不滅の生命なのである。

肉体は、人生航路の苦楽の海を渡るための舟であり、魂意識は、不生不滅、永遠の生命であり、もう一人の自分なのである。

宇宙大に拡大されたもう一人の自分。その膝の上に小さくなっていた現実の肉体の自分の姿。心の調和された安らぎの境地になると、神の光に満たされるから、後光の肉体が拡大されるのである。

それは、広く豊かな丸い心の姿であり、それゆえに、神の子としての本性を悟ることができたのだ。

そして、そのもう一人の自分が、大宇宙のひとつとなって生きているということである。それぞれの個性を持ったそれは、丁度、それぞれの水の粒子が集まって川となり大海となっているように、である。

それはまた、死ぬことも、老いることも、病むこともない。

その自分を、今はっきりと認識したのであった。そして、もう一人の自分に、いつでもなり切ることができるのである。

過去、現在、未来にまたがって輪廻して行く業から、離れることができたのである。

現在の肉体は、両親の縁によって得たが、その肉体は人生航路の乗り舟にしかすぎない事実も知り、魂（意識）の表現体にしかすぎない、ということも知った。

それは、調和されない人々には、見えないだけであるが、現存するものなのだ。

過去世の肉体も、同じことだといえるだろう。

しかし、おのれの魂は、過去も現在も変わらなかった。過去も自分であり、今も自分なのである。不生不滅、不増不減の魂の不変性は、永遠に変わることも変えることもできないのだ。

人間自身についても、同じことがいえる。

人間はどこまで行っても人間であり、動物は動物として生き続けている。

生命の態様は、その態様に従って進化を続けているのだ。猿が人間になり、人間が猿になることはない。永遠に、猿は猿であり、犬は犬として魂の進化の過程におかれている、ということだ。

万生万物は神の意志のもとに、生き続けているのである。

一切の苦しみは、自らの心と行ないの作り出したもの。すなわち、自然の掟である中道という神の意志に抗したために起こった苦しみなのである。

正しく見る、正しく思う、正しく語る、のその想念と行為を、自ら放棄したところにそれは起こったのだ。

中道の心は、もっとも人間らしく、もっとも自然な生活態度にあるはずなのだ――。

シッタルダーは、このことを悟りましたが、さて、これを人に説くとなると、果たして、この事実を、生命の実相を、何人の人が理解してくれるだろうか、と思うのでした。

シッタルダーは、ピパラーの根もとに手を当てて、ゆっくりと立ち上がるのでした。

森の中を歩き始めます。小鹿達があとからついてきます。シッタルダーが立ちどまると、小鹿達も歩をとめます。

じっと彼らをみつめると、彼らはそばによってきて、首を長くし、シッタルダーの頬に冷たい鼻を近づけ、甘ずっぱい呼吸を吐いて、話しかけるように親愛の情を示すのでした。

小鳥達も、何の疑問も抱かず、シッタルダーの足もとで餌をついばんでいます。

小鳥達は、ピパラーの住人です。

シッタルダーとともに寝起きした仲間であり、偽ることを知らない純粋な小動物でした。

　彼らこそ、ウルヴェラの森の先住者であり、シッタルダーを友人として迎えてくれた仲間でした。今も彼らは、シッタルダーの肩や頭にとまり、語りかけてくるのでした。

　シッタルダーもつい楽しくなり、声を出して話をします。

　彼らにも感情があって、シッタルダーがある者を特別扱いをすると、他の小鳥達の声帯やそぶりが変わってくるのです。平等に扱うとまたもとにもどるのでした。

　まだ短い期間ではあったが、仲間同士の争いは、見たことがありません。彼らは、侵さず、侵されずを守り、いつも元気でした。

　それに比較して、シッタルダーは、人間同士の醜い争いを思うと、人間は小鳥達より劣るとさえ感じました。

　シッタルダーは、ネランジャラ河の岸辺に下りて行きます。

　ゆっくりと流れる河の動きは、昨日も一昨日も変わってはいません。

　腰まで入ると、水の冷たさが肌にしみる感じです。ほとんど眠っていないが、昨夜来の疲れは、微塵も感じてはいませんでした。

両手で水をすくい、頭から顔に流しますが、何ともいえない良い気分です。

――この河も、ガンガーに合流して、やがて大海となる。大海の水はやがて雲となり、雨となって地上に降り、再びネランジャラ河の水となる。

水はこうして輪廻を重ねるが、水の本質は少しも変わってはいない――。

今こうして、シッタルダーは、この水につかっていると、大自然の大きな計らいの中におのれの在ることをおぼえるのでした。

河の水は、無言で流れています。その流れをさえぎる今のシッタルダーの姿には、不自然な心を失った人々の流れを、正しい流れにするための機会が与えられているのでした。

過去、現在、未来のときの流れは、流水の中にあっては、知ることも悟ることもむずかしいものです。それを悟るには、反省という止観によって初めて可能なのです。

シッタルダーは、ネランジャラ河の中で、泪のこみ上げてくることをとめることができず、大声を出して泣きました。

昨夜来の感激が、潮のように襲ってくるのでした。

心の中には、何の執着もなく、ひっかかりもなく、雄大な気持です。

再び森の中に入り、ゆっくりと身体を休めます。

やがてまた日没を迎えたシッタルダーは、日中に拾い集めてきた薪や枯草で火を起こしました。焚火の煙は、ゆうゆうと空に昇ってゆきます。

風もなく、今宵も静かな夜でした。

シッタルダーは、マンゴの皮をむきながら、チュダータが唄っていた、

「弦の音は、中ほどにしめて音色が良い」

という民謡を口ずさんでくつろぐのでした。

夕食は、乞食によって得た果物や米粥のときが多かったのですが、今夜は野生の果物ですごしました。

心の調和については一抹の不安があったが、心を落ちつけると一瞬のうちに、今朝と同じような心境になるのでした。

天上界の人々と語る——調和への二十一日間

くる日もくる日も、心の調和は不動であり、しかも常にそばで誰かがシッタルダーの心の中の調和に協力しているように思えるのでした。

そして、二十一日目のことです。

シッタルダーは、すでに心の調和に自信を得ていましたが、その調和を崩したくない、という力みもありました。そのため、このままの心の状態でこの世を去ることができれば、これほど幸せなことはない、と考えるのでもありました。

二十一日目の夜を迎えたシッタルダーは、今夜から食事をとらずに肉体舟のおとろえるのを待とう、と決心しました。

そして、瞑想に入ってゆこうとしたときでした。突然、シッタルダーの前が黄金色に照らされ、その光明の中に、アモンと呼ばれているバフラマンが立っているではありませんか。

シッタルダーより背も高く、体格もがっしりとしています。筋肉質のその体軀は、見るからに逞しく、その身体は、手でつむいだ、絹織物のような衣服を裾までまとい、腰のあたりを紐で結んでいます。血色の良い顔立ちで、両腕は肩のつけ根あたりまで素肌、その両腕に金環のようなものをはめています。

見おぼえのあるような感じの人だが、シッタルダーにははっきりとしません。

黄金色に包まれたその姿は、神々しいまでに美しく映ります。

その両脇にも二人います。その一人はクラリオ、今一人はモーゼといわれる人です。

三人は、やさしい眼差しでシッタルダーを見下ろしているのです。

それはシッタルダーの心の中を見抜くように、それでいて暖かい慈悲の眼差しでした。

シッタルダーは、この三人のバフラマンを眩しそうに見上げました。

それは、見れば見るほど美しく、自分もこのまま梵天界に昇天して行くのではないか、と錯覚するほどの感じでした。

過日の、パアピアス・マラーの変化したバフラマンとは光明の度合いが異なるし、慈愛に満ちて、それは親しい友人にしばらくぶりに会った感じで、なつかしさがこみ上げ、シッタルダーは手をとり合って嬉しさで泣きたい気持でした。

アモンはシッタルダーにいいました。

「ゴーダマよ、人生のきびしい修行に良く耐えた。自らの欠点を良く正して、心の曇りを払い、正道を悟ってくれた。

神々もこの日のくるのを待ち望んでいたのだ。

ゴーダマよ、あなたは私達との約束をここまで良く果たしてくれた。しかし、肉体を粗末に扱ってはならない。

死ぬことはならないのだ。

もし死んでも、この地上界にもどして、今後の使命を果たさせなくてはならないだろう。

全ヨジャナーの衆生に、この道を説かなくてはならないのだ。

法は心の太陽だ。心の太陽を失った人々に、神理の法灯を絶やしてはならないのだ。

太陽を失った者達の心に、法灯による光明を与え、混乱した苦しみの人生から救済するための使命を果たさなくてはならない。

それは、あなたが私達の世界にいるときに約束したはずだ。

私達の世界は、あなたの生まれる前の世界であり、またいずれ帰らなくてはならない未来の世界なのだ。

あなたは、この使命を果たさない限り、未来の世界には帰れないだろう。

私は、あなたの友、アモンと申します」

アモンは、きびしい言葉の中にも、友が末法の時代に、肉体を持って遂に悟りの境地に到達し、法灯の光明が受け継がれることを喜び、シッタルダーの人生における使命を伝え、自覚を促すのでした。

シッタルダーの心の中は、あまりにも重大な使命であることを知って、身のひきしまる思いがするのでした。

シッタルダーは、静坐のまま、身体と頭を地面につけ、手を前方の土の上にさし出す形でバフラマンの言葉を拝聴していたが、暖かい慈愛の光明に包まれて、とめどなく泪が流れ、今まで考えていた浅はかな心を反省するのでした。クラリオはいいました。

「ゴーダマ、遠慮しないで頭を上げなさい。三十六年間、直接話すことができなかったが、話ができて本当に懐しい、今日のあなたは一段と光明に満たされている。

私どもは、今日までのあなたを見守ってきました。今からが、大事な仕事なのです。しかし、良く精進して一切の苦しみから解脱され、私も……この感激を……何と、表現したら良いか、可愛い私達の子供達がはるか地の果てで……めぐり合った気持です……」

あとは言葉がつまって、法悦にむせぶのでした。

あの世、実在の世界から、陰になり日向《ひなた》になりしてシッタルダーを指導してきたバフラマン達の心境は、言葉にならないほどだったのでしょう。

また、一人歩きするシッタルダーの未来を見とおし、そのきびしい将来も解るため親が子の旅立ちを思う心に似て、淋しい気持に襲われたのかも知れません。

シッタルダーが、面を上げてバフラマン達の顔をみつめると、クラリオもアモンもモーゼも、眼頭を押えて、シッタルダーの将来を祝福するのでした。

しかしシッタルダーは、果たしてこのような現象や片よりのない正法を、衆生は聞いてくれるだろうか、と不安になります。

バフラマン達の要請であっても、でき得れば死にたいという気持が強く、今のような平和な心を持ち続けるには、死を選ぶことが一番だ、と思うのでした。その瞬間、アモンはシッタルダーに告げるのでした。

「あなたは死を選ぼうとしているが、それは自己からの逃避である。あなたは、自分の心から逃げ出すことはできないのだ。あなたの肉体が亡んでも、心の姿は変わらないということを知らなくてはならないだろう。

肉体の滅亡が、心の安らぎにはならない、ということだ。

あなたは片よりのない正道を心の柱として、智慧と勇気と努力で、衆生を苦しみの世界から解放すべきです」

シッタルダーの心の誤りを、そう指摘するのでした。

シッタルダーは、はっと気がつきました。自己を捨てて大衆の中で生きよう、迷える衆生、光明を失った衆生に法灯の慈悲の光を与えようと決心して、バフラマン達に覚悟のほどをいいました。

「いかなる前途の苦しみも乗り越えて、私の使命を果たします」

アモンもいいました。

「ゴーダマ、あなたが体験した道を聴いた者達は、真の理《ことわり》を見て人生の迷いから解脱し、心は満ち足り、安らぎの境地に到達するだろう。

そして、悪の道から離れて、わがままな心を制し、迷いの道から遠ざかり、内在された心の中で体験した偉大な智慧が湧き出し、調和された生活を行なうようになるだろう。

内在された智慧とは、各人の転生輪廻の過程で体験された一切の記憶が貯蔵されている宝庫のことだ。

もしあなたが、この法灯を絶やせば、世は暗黒となって、人々の心は悪魔に支配され、亡びてしまうだろう」

シッタルダーは、またいいました。

「眼のある者は、法の偉大さを見て悟り、耳ある者は、法の偉大さを聞き、また人々の心に語り伝えられて行くでしょう。不死の神理を、衆生のために伝えて行きます」

バフラマン達は頷くと、にっこりと笑って、シッタルダーの眼でとらえることのできない世界へ旅立って行くのでした。

シッタルダーの心の中には、神々の世界に住むバフラマン達の指導によって、遂に正道流布への不動心が、しっかりと作り出されるのでした。

——世の中には、汚れに染まらない、智慧の眼を持っている者もいるだろう。

彼らがもし、正道を聞く機会を得れば、必ず悟るのではないだろうか。

自分の体験した人生の道を教え、そして自らをより正しくきびしく、他人に寛容な心を持って導いて行こう——。

とシッタルダーは、今後の人生をいろいろと考えました。ふと気がついたときには、シッタルダーはただ一人ウルヴェラの静寂な森の中に坐り、消えかかった焚火のそばにいました。

今までの光景が、あまりにも鮮やかで暖かかったため、つい錯覚を起こしてしまいます。

夜もすっかり更けこみ、今後の計画は、明朝考えようと決め、身体を横にして休もうとすると、何か身体が軽く動くのでした。

——しばらくすると、肉体からもう一人の自分が抜け出て、光明に満ちたドームの中を上り、やがて新緑に包まれた美しい芝生の、丘の斜面に出るのでした。

今までの肉体舟は、ピパラーの大木の根本で休んでいます。

もう一人のシッタルダーは、大きな集会場のようなところに案内されて、色とりどりの古代の衣裳をまとった諸々のボサッターやバフラマン達に迎えられました。

それは、今まで、体験したこともない世界です。

先にきていたアモンやクラリオ、モーゼと呼ばれているバフラマンが、梵天界へ招待したのでした。

そこは、この世では想像もできない、美しい安らぎのある光明に包まれた世界でした。

シッタルダーは、野会の会場に連れ出され、天女やボサッター達、色とりどりの民族衣裳をつけた上々《かみがみ》の前で、初めての説法をするのでした。シッタルダーは語りました。

――すべてのものは縁によって生じ、縁によって滅びるものだという神理から始まり、人生の苦しみは、自らの心が作り出したもの。それは五官六根を縁として生じ、この苦しみから解脱するには、八正道の実践によって救われる。

そして、一切の執着から離れ、足ることを悟るならば、心は安らぐのだ。

人類はみな兄弟であり、正道の実践によって、神の心とおのれの心が調和されたとき、正しい光明の道が開かれる――。

かなりの時間、バフラマンを始めとして、ボサッター達は、シッタルダーの説く神理に聞き入り、最後の拍手は、大地が割れんばかりの反響を現わしました。シッタルダーは、その説法を終えてから、ピパラーの大樹の下に横たわっている人生航路の自分の乗り舟に帰ってくるのでした――。

シッタルダーは、また新しいできごとを体験し、身体を起こして、その不思議な現象をもう一度思い出し、言葉に尽くせない嬉しさを味わうのでした。

東の空は、白んで、小鳥達も眼を覚ましたのか、頭上の大木のあたりも騒がしくなりました。

――しかし、今行ってきた梵天界の美しい天女達の姿は、この地上界では見当のつかない気品と気高さをそなえていた。

そして、見たこともないような民族衣裳……。

自然界と調和された動物や小鳥達まで説法を聞いていたのには驚いた。

この世における友人達とは違って、すべての者達は相互の信頼と偽りのない世界で、それは百年の知己のように思えたものだった――。

これが、やがて帰らなくてはならない未来の国であることを、シッタルダーは悟ることができたのでした。

肉体舟から抜け出したもう一人の自分。

やはり肉体は、人生航路の舟であり、もう一人のその自分こそ、永遠の生命だということを、しっかりと自覚し、肉体舟に乗ってしまうと人間は盲目同然となり、人生を歩んでしまうということを悟るのでした。

――肉体舟は、両親という縁によって作られ、この縁は、本能として、神からこの地上界に適した肉体舟を保存するために、受け継がれているもので、魂（知恵）の〝さや〟のようなものだといえるだろう。

それゆえに、死というものは、この地上界での舟から降りることであり、常に新しい肉体と現在の肉体は一体となっているということだ――。

魂の先祖と肉体の先祖の縁によって、今の自分が在るのだ、ということをシッタルダーは知るのでした。

解らなかった謎が次々と解かれて行き、過去の思い出が、シッタルダーの心の謎が解け、前世はどこで生まれ、何歳で死に、というように転生輪廻の秘密を思い出して行くのでした。

シッタルダーが幼いときに死んだ母のマヤについても、菩薩界に住んでいることを知り、実在界で、未だ見たこともない母との対面では、母は成人したシッタルダーを心から祝福してくれたことでした。

そして、肉体舟だけにとらわれている多くの衆生の憐れさを思い、本当に人間はおろかな者だと思うのでした。

地位や名誉や財産という欲望に眼がくらみ、足ることを忘れ、欲望のとりことなってこの地上界に大きな執着を持って亡くなった者達は、きびしい地獄界に住み、魂のきびしい修行にさらされていること、それを見ることができるようになりました。

また、マラーやアスラー、キンナラ、ナガラジャーの存在も知り、いかなる悪魔に対しても、心からの慈悲があれば、絶対に克服できるということも悟りました。

このように、シッタルダーの意識は浄化され、進化していることを、自らしっかりと確認しながら人生の修行を積んで行くのでした。

ウルヴェラでの二十一日間――それは、シッタルダーの今までの人生を百八十度変え、法の実相を学んだ有意義な日々でした。

この道を誰に説くか――旅へ

さてシッタルダーは、この道を、誰から説いて行こうかと思案し、いろいろと親しい者達や修行者達を心の中に浮かべてみました。

――そうだ、六年前に、三ヵ月ばかり入門したヴェサリー郊外のアララ・カラマ仙を訪れてこの法を説こう。アララ・カラマは学者であり、賢者であり、心の曇りも少ない。しかも三百人近くの弟子達もいる。彼らにまず道を開いてやれるだろう――。

アララ・カラマ仙からは、後継者として望まれたこともあったせいか、何となく気がひかれたのでした。

シッタルダーは、心を調和しました。すると、アララ・カラマ仙のいるヴェサリーの町がはっきりと眼の前に映し出されてきます。

かつて、シッタルダーが修行したアヌプリヤの森の近くがはっきりと見えます。

——アララ・カラマ仙は、どこにいるのだろうか。当時百二十歳だったから、今は百二十六歳ということになろう——。

そのとき、バフラマンの声が聞こえてきました。

「アララ・カラマ仙は、今から一週間前に亡くなり、弟子達もみな他の修行場にちりぢりになっています。たずねても無駄になるでしょう——」

そう伝えてきたのは、アモンの声でした。

シッタルダーは、何か淋しい気持になりました。

——生ある者は必ず滅し、実在の世界に帰って行く。形ある者は、いつの日か崩れ去って、大自然の中に同化して行くのだ。

しかし魂はたとえ肉体が亡びても、新しい肉体を持って実在界に帰って行く。そして、それはその人々との心と行ないとの差によって、帰りつく場所が違ってくるのである——。

シッタルダーは、この事実を知っていたのです。正しい心の調和度によって、光の量が違ってくるからで、光明の度合いによって、段階があるのです。それは、その人の心の広さ、豊かさによって定まるものなのです。

シッタルダーは、アララ・カラマ仙との出会いから、ヴェサリーのアヌプリヤの森や、人情深かったリチャブ族の人々との交際の頃を思い出し、すぎ去った迷いの時代を懐しく思うのでした。

続いて、コスタニヤー、ヴァティヤー、マハーナマン、アサジ、ウパカの五人のクシャトリヤ達のことを思い出し、この者達に正道の説法をすることに決めることにしました。

――彼らは、どこにいるのだろうか。

五人のクシャトリヤ達は、目的地もいわないで去ってしまったのです。ネランジャラ河に沿って下ったことは確かです。

シッタルダーは、瞑想をして、彼らの行く先、修行場を探し求めているうちに、パラナシーの都が見え始めました。この国は、カシーと呼ばれ、商工業都市で、他国との貿易が盛んなところでした。

特に、カピラ・ヴァーストにいた頃、そこの衣類は、ほとんどカシー産の絹織物で作られていました。シッタルダーは、軽いターバンや衣類が好きだったから、カシーのことは良く知っていました。

出家するときは、パラナシーの都を候補地のひとつに選んでいたし、子供の頃に行った町でもありました。特にマハー・バラモン種が多く、宗教学者の多い都市でもありました。

この町の郊外に、ミガダヤと呼ばれているところがあるが、ここはイシナパタ（仙人の修行場）ともいわれている土地柄でした。

コスタニヤー達は、シッタルダーと別れてから、ラジャ・グリハの町に入り、ナーランダを北上して、パタリ・ガマに到達し、パタリ・ガマからガンガーの河を上流に向かって西へ歩を進め、カシー国に入っておりました。

さらに、パラナシーの都に行き、郊外にあるミガダヤに到っていましたが、シッタルダーには、そのことが解りました。

ミガダヤには鹿が多く、景色もすばらしいところで、修行場としては大変恵まれている場所でした。

シッタルダーは、遂に、アボロキティー・シュバラー・ボサッター（観自在菩薩）の境地になり、遠く離れている人々の動静をも見とおす力をそなえるようになったのでした。それは、常に、自由自在に、過去、現在、未来を観ることができ、人々の心の中を見とおすことができる能力を与えられている人、悟った人ということで、シッタルダーは、ここに遂に大悟の人となることができたというわけです。

現代人にもその力がある

ゴーダマ・ブッタの、悟りへ到る道を述べてきましたが、このことについて、実証のひとつを挙げておきましょう。

ゴーダマ・シッタルダー、シャキャ・ムニ・ブッタのことを語った一人は、東京の大田区に在宅している。一九七二年現在で二十三歳になるKという青年です。

この青年は、正道を実践して、心の窓が開かれ、

「自分は、今から二千数百年前、インドのカピラ・ヴァーストのクシャトリヤの家系に

生まれ、シッタルダーが出家したのち、父王の命令でシッタルダー王子の護衛として一緒に修行したアサジと呼ばれていたアラハンである――」

と、当時のことを思い出し、その時代のコーサラ語（古代インド語）で語ったものですが、それを、日本語になおしてつづったものが、以上の物語であります。

このことは、当時の比丘、比丘尼達が、日本を中心に、他の国々にも、永い転生輪廻を体験して、ジャン・ドーヴァー（東の国）に肉体を持って現われていることの証拠でもありましょう。

すでに、南米やアフリカにも、このような古代インド時代の過去世を思い出した人々がおり、日本の私達のグループにも、同じ体験を持つ人々がすでに百人を越えています。

青山には、ヤサーと呼ばれていた比丘が、アラハンの境地に到達して、やはり当時の模様を語っております。

心と行ないを、正しい片よりのない生活実践によって、心の曇りをとり除いた人の心の窓が開かれたということです。

人間は、誰でも転生輪廻の記憶を持っているのです。それは、潜在された九〇％の意識の中にその秘密が隠されています。

なぜ最初から悟れないのか。これは、人生航路の過程において、欲望や執念が、丸い豊かな心に歪みを作り、暗い想念の曇りにおおわれるために思い出すのが困難だということです。

このような現象は、心の中の埃や塵を払う以外に、悟ることは不可能です。というのは、心に曇りがあっては、神の光に満たされることがないからです。

過去世を思い出すという事実は、今から二千年前、イエス・キリストの弟子達の間にも現われていたことが聖書の使徒行伝第二章に記録されています。

また今から二千五百数十年前、ゴーダマの弟子達の中にも、アラハンの境地に到達した比丘、比丘尼達で過去の記録を思い出した、という事実がはっきりと記録されています。

スタニパタの華厳経十地品に詳しく残されているのです。

今、私のグループの中にも、美しい心の人には、年齢を問わず、職業を問わず、男女を問わず、潜在された過去世の体験を語る者達が多い、という事実もあります。

その中には、中学生、高校生、医者、弁護士、実業家、サラリーマン、技術家、新聞記者など、あらゆる階層の人々が過去世の言葉で語ります。

ある者はインドのコーサラ語やマガタ語、またある者は中国語などと、人それぞれが、現世では全く習得していないにもかかわらず、転生輪廻の過程で体験した国々の言葉で、当時の模様を語るのです。

ゴーダマ・ブッタの悟りへの経過は、さきのKもふくめ、ほとんどこのような人々の言葉をとおして、記述したものです。

信じられない人達は、自ら正道を実践してみるほかない、ということでしょう。

私も、仏教など縁遠い者の一人でしたが、過去世で学んだ意識をひもとき、現代の自然科学をとおして般若心経を解説しているのです。

自然科学の中から解き明かした般若心経が、いかに科学的であるか否かは、読者の方達に判断していただくほかありません。ただ、いかに心が大切であるかを知って貰うために、この解説書も成した、ということを理解していただければ、それで良いのです。

この般若心経を知れば、仏教は科学的な神理である、そして、心と行ないの正しさがすべての根本であり、人生の道標であるということを認めざるを得ないでしょう。

すべては、インドのゴーダマ・シッタルダー・シャキャ・ムニ・プッタの悟りまでの経過を良く熟読して、自分で体験してみることです。

そして、その条件は、一切の執着から離れて、感情的な想念と行為をつつしみ、法にかなった生活をすることです。

その結果、自ずから信じざるを得なくなるでしょう。

法も解らず、実践もなく、ただ否定するということは、自己保存の念の強いたぐいか、自我の思いが強いか、にほかなりません。

八正道を、生活の師、心の物差しとしないで、理屈をいっても始まらないことです。

頭だけで、智だけで知っている者達の教義は、絵に描いたボタ餅にしかすぎないでしょう。味など解るはずがありません。

また、理想主義者という者もあるでしょうが、理想の実現のためにも、一人一人の実践なくしては、完成されるものではありません。

対岸の火事も、ただ眺めているだけでは火は消えません。

人は、生まれてくるときは裸で一人であり、この世を去るときも裸で一人です。

その、一人ぼっちの自分が、正道も実践しないで、悟りの境地に到達できるでしょうか。実行のない理想郷など、夢のようなものです。

アラハンへの導き――五人との再会

シッタルダーは、バフラマンの要請によって、ようやくウルヴェラの森を出ると、パラナシーの郊外にあるミガダヤに行き、コスタニヤー達に生老病死の苦悩から解脱する法を説くのでした。

しかし、五人の修行者達が、最初から素直にいうことを聞くはずがありません。

シッタルダーは堕落した、一緒に修行はできない、という、過去の彼らの意志があります。ウルヴェラの森を去ったのも、そのときの彼らの心の在り方です。

シッタルダーは、彼らの思っていることなどすべて見とおしているし、考えていることを先に次々といわれてしまえば、彼らの弁解の理由もなくなるだろう、そうシッタルダーは思いました。

「コスタニヤーよ。お前は、私と口を利いてはいけない、挨拶をしてはいけない、ひざまずいてはいけないと、四人の修行者にいっているが、そのような心がけではいけないだろう。

私は、プッタになったのだ。アボロキティー・シュバラーになったのだ。だから、お前達がどの道をとおってミガダヤにきたかも知ったのだ。

お前達は、私が堕落して修行を捨てたと思っているが、それは誤りである。きびしい肉体行によって悟ることはできないことが解ったのだ。

また、カピラのときのように、優雅な生活に浸っている、情欲の渦の中でも悟ることはできないのだ。

煩悩から解脱する道は、両極端なその方法や考え方を正さなくては、悟ることができないということが解ったのだ。

お前達も、過去世において、私の話を聞いたことがあるのだ。やがて、私の法を聞いてその事実を思い出すだろう」

五人の修行者は、シッタルダーの言葉を聞いているうちに、その後光や顔色や言葉に、いつか反発する心はどこかに消え、ただシッタルダーの顔を見守るのでした。

コスタニヤーは、プッタの神理に触れて、遂に、自らの過去世を思い出し、泪を流して法悦にむせび、過去世の言葉で語り出したのでした。

生命の輪廻を悟り、プッタの手をしっかりと握り、正法流布への決心を語るのでした。続いてアサジが、アラハンの境地になって、心の窓が開かれます。マハーナマンも、大粒の泪をこぼし、今世での再会を喜ぶのでした。

五人の者達は、このようにして、次々とプッタの法に触れ、安らぎの境地に到達して行くのでした。

パラナシーの豪族、ヤサも、恋人とのいきさつから世をはかなみ、自殺しようとしているところをプッタにさとされ、六人目の弟子になり、死を覚悟していただけに良く道を悟り、アラハンの境地に到達しました。

さらに、ヤサの両親、ウパサカ、ウパシカも、在家としてプッタに帰依します。

プッタはこのようにして、再びマガタ国に帰り、やがてガヤ・ダナのウルヴェラ・カシャパーを導き、弟のクナンダ、ナンディヤーの両カシャパーも導きました。彼らはみなブッタに帰依したのです。

ときに、ゴーダマ・ブッタが、三十七歳の年のことでした。

ウルヴェラ・カシャパーとの対決――ブッタを食わなかった大蛇

シッタルダーは、悟りを開いてから、ミガダヤで初めての説法をし、五人をアラハンの境地に導きました。

さらに、パラナシーの豪族の子供ヤサを救って、ブッタ・スートラに帰依させ、そのため、ヤサの両親ウパサカ、ウパシカも帰依し、この両親は在家信仰の第一号となったのです。

ブッタが、パラナシーの都から、再びマガタ国、ラジャ・グリハの町にもどってきたのは、三十七歳のときでした。

パラナシーの町は、やはり帰依したヤサの友達が、ヴェシャーの間にブッタ・スートラを説き、そのため人々の心は安らぎの境地に導かれて行きました。

プッタは、ラジャ・グリハの町に、道を説く拠点を作り、誤った他力信仰のことを説明し、法（正道）を心の柱としておのれにきびしく、他人には寛容な心を持って自力本願の道を説くのでした。

そして、かつてラジャ・グリハのビンビサラー王から、ガヤ・ダナにウルヴェラ・カシャパーといわれる聖者がいると聞いていたことを思い出し、この地を訪れることにしました。

丁度その頃、ガヤ・ダナは祭りの最中で、村人達やウルヴェラ・カシャパーの弟子達によって、大変賑やかでした。

プッタは、宿泊の場所を乞いました。

しかし、ウルヴェラ・カシャパーに来訪者が多かったため適当な場所がなく、拝火教の道具を納める洞穴に案内され、その場所で一泊するのでした。

ウルヴェラ・カシャパーの弟子達は、この洞穴には大きな蛇が棲んでいることを承知の上で、プッタをそこに宿泊させたのでした。

大蛇は、大きな首を上げて、プッタの様子をうかがっていましたが、プッタが敵意を持っていないことを知ったのか、洞穴の奥に移動すると、大きな長い身体を五重、六重に巻いて休んでしまいました。

プッタは、入口に近い土の柔らかな場所を少し掘り、茅を敷いて横になり、ぐっすりと眠りました。

翌朝、東の空には太陽が昇り、木々の緑の葉は露をふくんで、その陽にダイヤモンドのようにきらめいて光っていました。

山の頂きは平らになっていて、千人くらいの人々は充分に収容できる、説法の場所としても良い広場がありました。

その中央には祭壇が飾られ、火の神を祈る信者達で、その広場も一杯になっていました。

プッタは洞穴を出てから、ウルヴェラ・カシャパーの弟子達に頼み、師に面会を申しこみました。

弟子達は、昨夜のサロモンが生きて洞穴から出てきたので、びっくりしてプッタを見るのでした。彼らは、プッタが、てっきりあの大蛇に食べられてしまったものと思っていたからでした。

「サロモンよ、あなたは、昨夜大蛇のいる洞穴で休まれましたはずだが、あの大蛇は大分永い間獲物にありついていないので、私達にも向かってくるおそろしい大蛇なのだ。良く食べられないで生きていたものだ」

口々にそういって、溜息をしながらじっとプッタの顔を眺めるのでした。

プッタはいいました。

「なあに、私は、別におそろしい者ではない。それに、大蛇は、危害を加えない友達だと思ったからだ。驚くことはないだろう」

プッタのその言葉を聞いた弟子達は、いやあ、と奇声を挙げ、その大蛇が、今までも多くのサロモン達を洞穴の外へ出したことのないことを知っていたので、口々に驚きを示しながら去ったのでした。

そして、弟子達は師にそのことを告げ、面会を申しこんでいることをつたえるのでした。ウルヴェラ・カシャパーは、それを聞くと、

――これはただのサロモンではあるまい――

と心の中で思いながら、

「こちらにとおしなさい」

と弟子達にいうのでした。弟子達は、またブッタのところへきて、その旨をいい、

「師のところへ案内いたしましょう」

と先に立って道案内をするのでした。

ウルヴェラ・カシャパーは、多くの弟子に囲まれて、ブッタのくるのを待ちました。

有名なウルヴェラ・カシャパーには、クナンダとナンディヤーの二人の弟がいましたが、彼らは、兄から教えを学びとり、すでにそれぞれが独立して弟子を持ち、ガヤ・ダナの山の中腹と裾に、火の神を守って人々に神の存在を教えていたのでした。

兄弟ともに、有名でしたが、特にウルヴェラ・カシャパーは、マガダ国一帯にその名声を馳せていました。

当時のサロモン達は、他宗と教義の論争に馴れていたため、おそらくブッタに対しても、ウルヴェラ・カシャパーは論争を受けて立つ気持でいるのだろう、と思っていました。

ブッタは、ここの対岸のウルヴェラの森で六年間も生活していましたから、拝火教《はいかきょう》（今でも中国や日本の仏教の中に護摩焚として行事化する）を良く知っていたし、ウルヴェ

ラ・カシャパーとは一度会いたいと思っていました。

そしてすでに、ウルヴェラ・カシャパーの心の中も見えていたので、単身で近づいて行っても危険な行為はしない、ということを読みとっていました。そればかりではなく、ウルヴェラ・カシャパーが何者であるか、その過去世のことまですでに解っていたから安心してそばに行ったのでした。

それは、このようなときは、常にバフラマンであるアモンが、天上界からプッタに対して通信をしてくれるからでした。

ウルヴェラ・カシャパーは、五百人ほどの弟子達とともに、火の燃え方について威力を証明し、人間の身体についている病魔を、火勢によって火の神が追い払っているのだ、ということも証明していました。

それは、人間が、天上界からくる悪魔達を追い払うには護摩によって身を浄める以外にはない、ということを信じている行為でした。

プッタが入口に立つと、弟子達の視線が戸口にそそがれます。弟子の一人が、プッタをウルヴェラ・カシャパーのまえに紹介します。

「私は、ウルヴェラのカシャパーだが、何か用事か。サロモンはどこのバラモンか」

弟子から聞いた、大蛇と同居して食われなかったサロモンの姿を眼前にして、ウルヴェラのカシャパーはいくらか興奮しているのか、その顔はやや青ざめていました。そして、たずねてきたサロモンをいかにして法論で屈服させるか、その秘策を考えていたようです。

感情の燃えているのが弟子達にも解ったのでしょう。一人として語る者はなく、ひときその場には静寂が流れました。

しかしプッタは、何者にもとらわれることもなく平静な心で、

「私は、コーサラ国のカピラ・ヴァーストのクシャトリヤであるゴーダマ・シッタルダーと申す修行者で、六年前から人生に無常を感じ、ウルヴェラ・セナニーの森で師につくことなく人生の修行をしてきました。

六年前に、ビンビサラー王からあなたの高名をうかがっていたので、ぜひ一度お会いしたいと念願してましたが、お眼にかかれて嬉しいと思います」

ウルヴェラ・カシャパーは、その言葉に顔色を柔らげ、ほほえみさえ浮かべて、

「そうであったか。昨夜は泊らせる場所もなかったので、粗末なところにおやすみさせて申しわけない」

と、心にもない偽りごとをいって挨拶するのでした。プッタは、昨夜のことは何も心の中にひっかかりがないため、

「昨夜は、ほんとうにありがとう」

と軽く会釈し、次の言葉を待つのでした。

ウルヴェラ・カシャパーは、

「あなたは、どんな修行をなされ、どんな神を拝んでいるのか」

と質問をしました。

「私は、偶像や自然を祈る対象とはしておりません。常に心と行ないを正して、執着を良く除いております」

カシャパーは、言葉もなく、へえーといっただけで、窮してしまいました。なぜなら、拝む対象がなくて、なぜ神が天からくる悪魔を追い払えるものか、と心の中で思ったからでした。

プッタは、すぐにウルヴェラ・カシャパーの心を読んで次のように話しました。

「あなたは今、祈る対象がなくて、何で神に仕えることができるだろうか、と心の中で思っているが、なぜ対象物が必要なのか、それから先に教えて戴きたい」

この質問には、流石《さすが》のウルヴェラ・カシャパーも、心中を読まれ、顔色まで変えました。

「人間には住む家、万物の住む家には大自然があろう。神とても祈るにはくる場所が必要だろう。私は、火を燃やして、火の神でご利益を得ているのだ」

と、やっとここまで言いました。

プッタは冷静に反論します。

「神は、人間の力によって作り出されるだろうか。あなたの祭壇も人の手によって作られたものだろうが、神の作り出されたこのガヤ・ダナの森も神の心の現われであろう。

太陽の熱や光も同じことだ。太陽は決してマンゴを欲しがったり、ルビーやサンゴも欲しないだろう。

もし人間に、必要なものであるならば、生まれたときに祈る対象物を持ってこなくてはならないはずだ。

そして、死ぬときにも、それらを持って帰ることができるはずだ。あなたはそれを持ち帰ることができようか」

ウルヴェラ・カシャパーはまた言葉に窮して返事ができません。

――嫌な奴がきたものだ。早くこのサロモンを追い出そう――と考えていました。

プッタは、即座に、こう追撃します。

「あなたは、今言葉に窮して、私をいかにして追い返そうか、と考えている。それは、あなたが火を燃して祈るのに似た、あなたの心の中の火だ。

心の中の感情を、そんなに燃やして、果たして正しい判断ができるだろうか。

護摩を燃やせば、灰が残るだろう。あなたの心の中が燃えれば、あとに苦しみの灰が残るだろう。物の正しい見解もできないだろう。

それは、自らを苦しみに突き落とすとともに、正しい人々にも炎のような感情を与えるだろう。そして、苦しみの種を蒔きちらすだろう。そのために、あなたの弟子達の心も、常に炎のように燃えている。

怒りの心、そしりの心、嫉みの心、闘争の心が、みな燃えている。そうした、形によって燃えている感情を、鎮めることはできないだろう。

心の魔や病魔、貧乏の餓鬼は、それぞれの心が、正道を悟って生活をすることによって鎮めることができるのだ。

火が魔を払うことはできないだろう。火は尊いものに違いはないが、形によって心を鎮めることは、一時の逃避であって、その火の種が心の中にあれば、その炎はまた燃え上がるだろう。

炎によって悪魔を支配することはできないのだ。心の曇りをとり除く、八正道の実践以外に、道は開かれないだろう。

心に曇りがなければ、神の心に満たされて本当の安らぎが得られるのだ。

そのとき、炎のような感情は鎮まり、静寂な境地に達することができるのである」

シッタルダーの説法は、遂にウルヴェラ・カシャパーの心をとらえます。ウルヴェラ・カシャパーは、

——これは、本物のブッタだ——

と思いました。その言葉の正しさが心にひびいてくるとともに、シッタルダーを包む、

淡い黄金色の光を、その神々しい姿を見てしまったからです。それは、炎の赤い光とは違い、本当の安らぎの光であったのです。

そして、ウルヴェラ・カシャパーは、ゴーダマ・ブッタの正しい法に触れ、それを得て、遂に五百人からの弟子達と相談して、プッタ・スートラに帰依したのでした。

長兄のウルヴェラ・カシャパー一行は、ゴーダマ・プッタとともに、一切の祭りの道具を捨てて、山を降り、ラジャ・グリハの町に出たのでした。

それから二日目、兄の使用していた祭りの道具が河を流れてくるのを見た次弟のナンディヤー・カシャパーは、弟のクナンダに連絡して、兄の道場のある山頂に行ってみました。

——あれだけ立派な兄が、火の神の祭り道具を捨てるはずがない。山賊どもにでも殺されたのではないか——

と、山頂を探してみましたが、勿論、血の跡などあるはずもありません。村人達に聞いたところ、ウルヴェラ達一行は、若いサロモンと、ラジャ・グリハに行くといい残して山を降りた、といいます。

ナンディヤーはクナンダに、

「兄はお前に、ラジャ・グリハに行くようなことを話したことがあるか」

「お祭りが終わったので、王様から招待されたのではないだろうか。私は何も聞いてはいない。しかし、ラジャ・グリハに行くときはいつも私達と一緒だったが、今度は何か急な仕事でもあったのではないだろうか」

クナンダは、次兄の話を考えすぎと思っていたのでしょう。しかし、ナンディヤーは、あれだけ大事にしていた、生命より大切な祭りの道具を捨てるとは考えられないことだ、とその心配は大変なものがありました。

兄弟は、数人の弟子達とともに、ラジャ・グリハの町に様子を見に行きました。

長兄のウルヴェラ・カシャパーは、ヴンダバ・ダナにいることを他のサロモンから聞き、早速たずねたところ、多くの弟子達とともに健康であることが解り、三人の兄弟は手をとり合って喜び合うのでした。ナンディヤーは、

「兄さんは、どうして大事な祭り道具を捨てて、修行場を放棄したのか教えて下さい」

とウルヴェラ・カシャパーにいいました。ウルヴェラは、笑顔でこう答えました。

「私は、プッタの弟子になったのだ。いずれお前達にも連絡しようと思っていたのだが、早急だったので遅れてしまった。弟子達と相談の上、全員が下山したのだ。心配をかけて申しわけない。私の信じていた今までの信仰は間違っていたことが解ったのだ」

信頼し尊敬していた兄が信じる人なら、私達も弟子になりたいと、ナンディヤーは弟の顔を見て相づちを打つのでした。クナンダは、質問しました。

「兄さん、プッタはどんなお方ですか。どちらの出身なのですか」

ウルヴェラは、ガヤ・ダナの一部始終を説明し、プッタが本当のアボロキティー・シュバラーであることを知った、といいました。

二人の弟達は、兄の信じていることなら間違いがないはずだということで、プッタに面会することができ、その場でプッタの弟子になり、九百七十人の弟子達もガヤ・ダナの修行場から呼びました。そして、全員プッタに帰依することが許されたのでした。

こうして、プッタの弟子達は、五人のアラハンやパラナシーのヤサの友人とともに、千七百人近くにふくれ上がりました。

ビンビサラー王は、尊敬していたウルヴェラのカシャパーが、プッタの弟子になったということを聞き、使いを、ブッタのいるヴンダバ・ダナにやり招待するのでした。

ブッタは、六年前の約束が果たせることを喜び、使いのクシャトリヤとともに城に赴くのでした。ブッタは、

「しばらくでございます。ポコラ、パラ、カラ、セレセレ………（私は悟りの岸にようやく到達する……）。そして、アヌークタラ・サンミャク・サンボデーの境地になりました」

とビンビサラー王に報告しました。王はにこにこと顔をほころばせ、

「オーディヤー、オーディヤー、おめでとう。ブッタが私の国に訪れたことを光栄に思っております。スット・ダナー王もさぞお喜びのことでしょう。私も妻も、ブッタの弟子にして下さい」

と、ブッタの肩を叩きながら、わがことのように祝うのでした。

こうして、王様を始めとして、おもだったクシャトリヤ達も、ブッタのタルマ（法）に帰依し、生活を改めて行くのでした。

ビンビサラー王は、従兄のガランダ長老と相談をし、修行場として環境の良い場所を

探させ、精舎を寄進することにしました。

　そして、ラジャ・グリハ・ヴァーストの、北の門から北東の山峡のところに、竹林の斜面があり、そこが非常に良いということで、そこに説法の場所やサロモン達の住む設備を作ったのでした。

　この精舎は、ヴェル・ヴェナー（竹林精舎）と呼ばれ、遂にプッタは、静かに、人々に教えることのできる場所にめぐり合うことができたのでした。

　マガタ国を中心として、プッタの神理は、東北の諸国から北西の諸国にかけて、その衆生の心の中に、あまねく広まって行ったのでした。

三つの約束――帰依への法則

　ラジャ・グリハの郊外、東北の山の手に、ビンビサラー・ラジャン（ビンビサラー王）の命令で、ガランダという富豪が、ガランダ村の竹林の中に、プッタの宿舎と説法の広場を寄進されました。それは、ヴェル・ヴェナー（竹林精舎）と呼ばれ、マガダ国における、サンガー（教団）の中心になって行きました。

そして、ラジャグリハ南西の方向にあったガヤ・ダナのカシャパーの三兄弟を始め、その弟子達とヤサの友人達をふくめ、サンガーの人々は千七百人近くになり、サロモン達の多くは、各地に分散して、プッタ・スートラ（悟りへの道）の法を衆生済度のために説いて行くのでした。

また、ラジャ・グリハのヴェシャー（商工業者）やシュドラー（奴隷）階級の男達も、プッタに帰依して行きました。

その当時、プッタのサンガーに弟子入りする条件として、次の三つの約束がありました。

それは、
一、プッタに帰依するか。
一、タルマー（法）に帰依するか。
一、サンガーに帰依するか。
であり、この約束が結ばれて、初めて弟子入りを許されたものです。

そして、弟子入り前の条件として、一週間山中に入って、心の整理をし、その中で心が美しくなった者には後光が出てくるので、その光の量によってプッター・タルマー・サンガーに帰依させる、といった道が開かれることになっていました。

　帰依する希望者は、心の窓が開かれているため、その心の中から後光まで、調和度を査定されたのです。

　そうした嘘のつけない生活によって、サンガーの心は、日増しに浄化されて行くのでした。

　その頃、五アラハンの一人アサジが、ラジャ・グリハの町を朝早く托鉢していましたが、その威儀の正しい行動に、通りかかった一人のサロモンが感動していました。

「ああ、何と安らぎのある、執着から離れて遊行している気高い姿であろうか。もし、全ヨジャナー（世界）に真に自覚を得た人があるならば、このサロモンはその中の一人かも知れない」

　そしてため息をしながらアサジの姿をみつめていました。

　アサジは、パラナシーの郊外ミガダヤで生活していた頃とは異なり、身体に若さをとりもどし、血色も他の修行者とは比較になりませんでした。

すっかり執着を断って、毎日の生活が充実しているため、心に何のひっかかりもありませんでした。肉体は、このように心の表現体であるため、誰が見ても、安らぎの境地が解るのでした。

アサジを見て驚いていたサロモンは、求め求めていた人だっただけに、アサジのあとをついて歩き、話をする機会を願っていました。

アサジはしかし、無用の論争をしてはならないと、常にブッタに戒められていたから、なるべく遠ざかろうとします。

当時、バラモンのサロモン達の多くは、好んで自分の思想をとなえ、口角泡を飛ばして論争するのが常だったからです。

だがアサジは、八正道を心の柱として生活しているため、どのようなことがあっても、心を迷わすようなことはありませんでした。

木蔭で、托鉢で貰った粥をすすろうとしたときでした。さきほどからあとについてきたサロモンが、

「どうぞ、このござの上に坐して下さい」

と、草で編んだ敷物を出し、坐らせようとしたのに、アサジは驚いてしまいました。顔を見ると、アサジより年輩であり、なぜ見ず知らずの人が私のような者を親切にするのだろうと、不思議に思いました。

そして、論争をいどんでくる人ではない、ということが解ったとき、アサジが、

「私のような者に、ご親切ありがとう。どうぞ、私は草むらの上で結構です」

と断りましたが、あまりのすすめに、その座に坐りました。

「サロモンよ。私はこの町の東北のナーランダという村の、ウパティッサというサロモンです。私の師は、サンジャヤです。さきほどから、あなたの威儀の正しさを見ており、真に自覚を得た人と思っていましたが、あなたはこのような平和な姿になるには、どのような師について習われたのですか」

ウパティッサは、アサジにそういいました。それは、アサジがカピラ・ヴァーストのクシャトリヤの頃、城外のシュドラー達が彼に対して挨拶した最高の礼でした。アサジは、

「サロモンよ。私は、カピラ・ヴァーストの王子、シャキャ・プトラーから出られたプッタを師としています。そのタルマーすなわちプッタ・スートラを心と行ないの物差しに

しているのです。私はそのプッタの弟子でアサジと申します」

と、同じ礼を返しながらいいました。

「サロモン・アサジよ。師はどのような法を説かれているのですか」

「私は、プッタに帰依してまだ新しいため、詳しいことはお話できませんが、師は、縁生ということを説いています。すべてのものは縁によって生じ、縁によって滅し、苦しみも自らの片よった心と行ないの縁によって作り出している。

八正道を生活修行として実践したとき、その一切の苦しみは、遠離して消滅する、ということを教えられ、私も、コーサラ国のカピラ・ヴァーストのクシャトリヤの頃は自我が強く、欲望の泥沼の中に苦しんでいましたが、救われました。

今は、出世欲も権勢欲も情欲もなく、怒りの心もなく、平穏な日々を送り、心は常に安らいでいます」

ウパティッサは、その説明を聞き、自分が今までの修行の中で常に解けなかった疑問のうち、苦しみも自分自身の心と行ないという縁によって作られているのだということが解り、心から喜ぶのでした。

そして、何とか、その師に会って道をたずねたい、と思うのでした。

「縁のお話、苦の解脱、これこそ私の求めてきた道です。私は、私の隣村に住んでいるコーリタと親交がありますが、二人のうち、どちらでも永遠の神理を悟ったら、相互に連絡しよう、という約束をしておりますが、でき得ればどうか一緒に師に紹介して下さい」

ということで、アサジと約束をし、ある日、コーリタとともに、ヴェルヴェナーにプッタをたずね、プッタ・スートラに帰依するのでした。

プッタは、コスタニヤー、ウルヴェラ・カシャパー達の前で
「ウパティッサとコーリタは、やがて悟り、私の大弟子となるだろう」

と紹介するのでした。

しかしこのとき、他の古い弟子達の間では、新参者がやがて先輩をさしおいて指導者になるということで、不平が起こるのでした。

プッタは、このような問題が起こったために、弟子達を集め、

「人間は、今世だけで新しい古いということで差別することは、おろかなことだ。ウパティッサもコーリタも、ヴェルヴェナーにきたのは初めてであろう。

しかし前世において、すでに私の弟子として道を説いた者達だ。

ブッタは、過去世の生命を知ることができるのである。

生命の転生輪廻の過程において、特に私と同じ道を説いた縁の深い者達だということを知るが良かろう。

私の生命も過去六仏から成り、今のこの地に肉体を持って、悟ることができたのである。

諸々の弟子達も過去世において、縁の糸に結ばれ、そして今あるということだ。

このように生命の転生をとおして、縁生に触れていることを悟らなくてはならない。

今、この大弟子となる者達も、過去世で良く修行して、広い豊かな丸い心を作り、その器が大きくなっているのだ。

それは、この者達の心の調和によって得た光明の大きさが証明するはずだ」

と、生命の転生過去六仏、六親眷族即魂の兄弟について説法されたのです。

そしてさらに、

「深遠にして無上の神理を求める者が、地位や名誉の高低を争うようなことは、サロモンとしての心がけにふさわしくはないだろう。

ひたすら、正道に精進努力しなければならないのだ」

とサンガーのサロモン達をさとし、戒められるのでした。

「そして、諸々の不調和な悪いことをなすこともなく、諸々の善をなすことだ。自らの欠点を修正するために、自らの智慧と勇気と努力によって完成することが大事であり、その結果、心は浄化して、光明に満たされるのだ。

これこそが、過去、現在、未来の、三世のプッタの教えだということを、心に銘記するが良かろう」

プッタの言葉に、弟子達は、すっかり自らの想念と行為を反省し、明るいサンガーが築かれて行くのでした。そして、大衆の心に調和と安らぎへの神理の種をまくことに努力して行くのでした。

ウパティッサは、偉大な実母、良妻賢母の名前をシャリーと呼んでいたので、この名前をとってシャリープトラーと呼ぶことになりました。

またコーリタは、モンガラーナーと名前を改め、プッタの神理を悟り、心の窓も開かれた心眼を持ってあらゆる現象を見とおす力がつきました。

シャリープトラーは、その後、内在された偉大な智慧に到達し、神理の説法はことごとく迷える衆生の心を打ち、多くの弟子達がプッタに帰依する功績をたてます。

かくして、他の弟子達の正法流布もあり、サンガーの組織は確立され、人々の渇き切った心に安らぎの境地を築き、プッタの教えも、砂にしみ入ってゆく水のように、マガタ国、コーサラ国、カシー国、ヴァチー国と広まってゆくのでした。

般若心経の中に舎利子として出てくるのは、プッタの右腕ともいうべき弟子、シャリープトラーのことです。弟子の代表者として般若心経の中に記されているが、「諸々の比丘、比丘尼達よ」というのは、サンガーのそれらを指しているといえるでしょう。

プッタの頃は、バラモン教が、すっかり多くの衆生の生活の中に根を下ろしていた関係で、サマナー・サロモンと修行者の段階でいっていたが、プッタのサンガーにおいては、ビクを男性の修行者、ビクニは女性の修行者と呼称されていました。

プッタ・スートラ（悟りへの教え）

ゴータマ・プッタの時代、プッタ・スートラは、ガンガー河を挟んで南北に流布されていました。

そのおもな国は、ガンガーの北側、ヒマラヤの麓のコーサラ、ヴァチーの両国があり、南側にはマガダ、カシーなどの国々がありました。文明も、このガンガーの支流や本流を周辺にして各町に栄えていたものです。

私がやさしく般若心経を解説したように、哲学されたむずかしい言葉では、当時の文盲の衆生の心に神理の種を蒔くことは不可能でした。

必然的に、河岸の方便を持って道を説いたのでしょう。

「諸々の衆生よ。こちらの岸は人々が多いためにマンゴやリンゴ、みかんもとり尽くされてひもじい生活をしている者達が多い。

足ることを忘れてしまった心ない者達によって、衆生は、苦しく迷いの多い人生を送っているのだ。法を忘れ去った闘争と破壊の、不調和な社会になっている。

しかし彼の岸は、こちらの岸より、食糧にも恵まれた平和な楽園である。彼の岸は、調和された安らぎの世界なのだ」

と、人生航路のきびしい生活行為を例にとらえて説明します。

「迷いの岸から、法を悟ってきびしい人生航路をわたったときに、一切の欲望や一切の苦しみから解放され、安らぎのある、平和な悟りの彼岸、あの世に到達することができるのだ」

ブッタは、そういうように、やさしく説かれたものです。

ブッタは、多くの弟子達にも、悟りへの道を説き、またあるときは、泥沼の中に咲く蓮の花などの方便を用いて、人生航路の乗り舟から執着を離すための説法をし、迷える衆生を苦しみから救済して行くのでした。

そして、四十五年間に説かれた道は、永遠の神理でした。

しかし仏教は、いつの間にか、他力信仰の誤った方向に進みました。僧侶は葬式仏教にうつつを抜かし、学者達は知だけで行ないのない哲学仏教に凝り、また古い歴史的な信仰による寺院、仏閣は、偶像や増上慢を人々に招来するような現代仏教に成り下がってしまい、仏教本来の心は、人々の心の中から消え去ってしまったのです。

仏教の多くは、人々の知識によって生活の道具に変わり、商法に成り下がってしまったのです。

他力信仰の肉体的遺骸に執着を持たせて、信仰を駆り立ててしまいました。こんなことで、どこに、本当の道があるのでしょうか。

現代人の多くは、人生航路を手さぐりで生活をしているのです。

これで良いのでしょうか。

神理には、古いとか新しいとかいう差はないのです。永遠不変のものなのです。

宗教家も、信仰者も、実践生活がないため、神理と頭だけでこね回してかえって理解できなくなってしまったといえるでしょう。

最後の弟子——百十七歳のシヴリダ

プッタの説く法は、自然の姿をとおして、人間の在り方を、当時の衆生に説き明かして行きました。

プッタの教えは、八正道を心の物差しとして、調和された安らぎの道につけと常に説き、転生輪廻の法を肉体的に示し、万生万物は相互の関係にあって安定しているのだから、感謝の心を持ち、報恩の行為を実践することが大切である、と教えるのでした。

報恩の行為としては、自分の環境に応じて奉仕と布施の実践活動をする。社会人類のために果たすべき人の道、を教えるのでした。

そして、その四十五年間の道は、慈悲と愛の塊りのようにすごしたもので、常に、「人類はみな兄弟だ。貧乏人も金持ちも、地位の差に関係なく、みなプッタの子であり、生まれた環境は、自らが選んだものであり、その環境をとおして悟り衆生を済度するための目的を持って生まれてきたのである」

と、原因と結果の法則を説き、悟りへの道を示したのでした。

八十一歳のとき、クシナガラの地で多くの比丘、比丘尼に見守られながら、プッタが最後の説教をしたときのことです。

年老いた一人のサロモンが、入口のところで、ゴーダマ・プッタに紹介してくれと、問答をしているのを、横になって休んでいて聞き、秘書役のアナンダに命令しました。

「私の最後の弟子がきた。ここへとおしなさい」

そのサロモン、シヴリダは、すでに百歳をはるかに越し、あらゆる修行をしてきたバラモン種でしたが、今世のうちに、本当のプッタに会いたいと思い、瘠せおとろえた身を杖に託して、ようやくクシナガラの地に辿りついたのでした。

今まで、探し求めては会った師も多かったのですが、会ってみると、そのほとんどが自称プッタであり、もしゴーダマ・プッタも偽りのプッタであったならば、この場を黙って去ろうと決心しながらシヴリダはたずねてきたのでした。

しかし、この心を、プッタはすでに知っていました。アナンダは、プッタがニイルヴァーナ（涅槃《ねはん》）に入るときが迫っているので、遠慮して貰いたいと思っていましたが、プッタのお声がかりでは仕方がないと諦め、プッタの前に、その老人の手を引いて案内するのでした。シヴリダは、プッタの枕辺に坐すと、

「私は、今年で、百十七歳になるバラモンのサロモン、シヴリダと申します。私は、最高の悟りを得られた方を探し求めてあらゆる地を歩きました。その中には、プッタと名乗る人々もいましたが、私には納得できませんでした。本当の、サロモンとはどういう人をいうのでしょうか、教えて戴きたいのです」

両手を差し出し、土の上に頭をつけて、そう語るのでした。言葉は、老齢のためか、とぎれとぎれでした。

プッタはそれに力強く、こういいました。

「シヴリダよ、良くきてくれた。世の中には、自らプッタと称しながら、その心と行ないには矛盾の多い者達がいる。

本当のサロモンとは、生老病死の苦しみから解脱するため、自ら片よりのない心を持ち、中道の物差しを持って歩んだ者をいう。

中道の物差しとは、八正道をいうのである。

この正道を、毎日の生活の中で実践してこそ、心のわだかまりがなくなり、一切の恐怖心から除かれて、安らぎの人生を送れるようになるのだ。

苦しみは自らの悪い心と行ないによって原因を作り出しているものだ。そのため、人は執着から離れることができなくなって、正しく生きることができないのだ。

八正道の道を行じている者、それが本当のサロモンというものだ」

常と変わらない声音と言葉で、プッタは、シヴリダに道を説くのでした。シヴリダは大粒の泪を流し、心を打たれて、

「ありがとう、ございました。お言葉が、私の心の中にしみ渡り、嬉しさが心から湧き出てまいります……ありがとう……ございます……」

感激に言葉にならない有様で礼をいうのでした。プッタは、シヴリダが、心から理解したことを賞めるのでした。シヴリダは、

「ゴーダマ・プッタ、私を弟子にして下さい。プッタのニイルヴァーナ（涅槃）に入られるのを見てはおられません。私は、一足先に往き、プッタのお帰りになるのをお待ちしたいのです。お許し下さいますか」

と頭を上げ、プッタに希望を述べるのでした。見守っている弟子達も、シヴリダの心を察し、美しく悟ったその姿を見て、すすり泣くのでした。それは、静かな森に、しみ入るようなすすり泣きの声でした。プッタは、

「シヴリダよ、望みのとおりにするのが良かろう」

と暖かい慈愛の言葉をかけるのでした。

「ありがとうございます」

と身体を起こして、シヴリダは、プッタのそばにいた諸々の弟子達にも挨拶をしました。

「サロモン・サマナー、アラハン・シヴラーの先輩のみな様、私はプッタの弟子になりました。先輩をさしおいて失礼ですが、プッタよりお先に、ニイルヴァーナに入らせて戴きます。

私は、一切の執着から離れて、心が安らかになりました。みな様の活躍を心から祈ります。ではプッタ、お先に失礼いたします」

それは、最後の、生命の灯がゆれるのにも似た言葉でした。終わると同時に、シヴリダは、あたかも枯木が朽ちて倒れるように、プッタのそばで大往生をしたのでした。

すでにその頃、シャリー・プトラーも、マハー・モンガラナーも、プルナ・ヤニ・プトラーも、この世の人ではありませんでした。

プッタはそれを見ると、静かに眼を閉じながら、四十五年の正道の流布の道をふり返り、苦しい呼吸の中で、笑顔さえ見せて思い出に耽るのでした。

そのとき、アナンダは、問いました。

「プッタ……プッタ……プッタがニイルヴァーナに入られたのち、私達はどのようにしたら良いでしょうか。それからご遺骸の処置は……」

しばらくしてから、プッタは答えました。

「アナンダよ、私の説いた法は、お前達の心の中に永遠に残るだろう。この法を、迷える衆生の心にしっかりと教え、救済しなくてはならない。

それは、比丘、比丘尼の道であろう。

私の肉体は亡びても、心は常にお前達のそばにいるのだ。

今、太陽は沈んでいるが、明日になればまた東から昇るであろう。私の姿が見えなくなっても、決して淋しいことではないのだ。

淋しいときには、私の生まれたルビニを思い出すが良かろう。最初に悟りを開いたウルヴェラの地を思い出すのも良いだろう。

またパラナシーのミガダヤは、私が最初の説法をしたところだが、その地を思い出すのも良いだろう。

そのほか、各地のヴェナー（精舎）やグリドラクターもお前達の心の中に残っているだろう。

生ある者は、必ず滅するのだ。このことを悲しがってはならないのだ。

私の遺骸は、ウパシカ、ウパサカ（在家）の衆生が処置するであろう。

お前達は、正道を諸々の衆生に説き、その苦しみから解脱させることが大切だ。そのことが、私に対しての報恩ともなるのだ。

アヌプリヤの森が、天変地異におそれわれたとき、岩山は割れ、大雨が降りそそぎ、割れた岩山は谷川と変わってしまった。

小さな動物達は、逃げ場を失って、右往左往の大騒ぎとなった。そのとき、一匹の逃げ遅れた年老いた大象は、その谷をみつめていた。

周囲の、逃げ場を失った小さな動物達の姿を見たとき、その老いた大象は、余生いくばくもないことを知り、自らその巨体を岩山の割れ目に入り、小動物達を広い彼の岸に渡してやって死んだ。

お前達も、迷ってはならない。私をその老いた大象のように踏み台として、多くの迷える衆生を、勇気と智慧と努力を持って、迷いの岸から、悟りの彼岸へ導かなくてはいけない。

やがて私の法は、マンデヤ、デイシヤ（中国）に渡り、ジャブ・ドウバーのケントマティにつたわって行くだろう。

私は、そのときには多くの弟子達と共にまた生まれ変わって、この道を説こう」

そばにいたマイトレイヤーは、プッタの背に手をやりながら、マンチュリヤー尊者、カチャナー尊者、ウパリ尊者、スブティー尊者に、未来の再会を約して帰って行ったのでした。

アニルッタはプッタの禅定の様子を心の眼で見ていましたが、プッタが遂に九禅定に入り、ニイルヴァーナされたことを知ると、そのことを周囲の比丘、比丘尼達に告げました。

比丘達は、それを聞くと、いっせいに悲しみの泪に暮れました。その悲しみの声は、森の静けさを破り、四辺に満ちて行くのでした。

そしてそのことは、早馬により、ヴェサリーで説法していたマハー・カシャパーや、ヴェル・ヴェナー（竹林精舎）や、ジェダー・ヴェナー（祇園精舎）、マハー・ヴェナー（大林精舎）に次々につたえられて行きました。

マハー・カシャパーが弟子達とともにクシナガラの地に到達したのは、一週間後でした。

その地で荼毘にふし、その灰は、在家の人々によって処理されました。

その後、マハー・カシャパーが中心となり、アナンダは法を、ウパリは戒律を中心として担当、ブッタの滅後九十日目に、ヴェル・ヴェナーの裏の洞穴の中で、第一回目の集会が行なわれました。

その中の指導者達は、マハー・カシャパー、ウパリー、スブティー、マハー・カチャナー、アサジ、マンチュリヤー、マイトレイヤー、アヌルター、アナーダ・テイシャー、ウパシバなどで、集まった比丘、比丘尼達は総数四百七十六人の人々でした。

一部分の比丘は、すでに小乗仏教への道に入り、分裂のきざしはすでに現われていました。

しかし、こうしてそれぞれの弟子達は、プッターの四十五年間説いたプッタ・スートラを暗記して、その指導を、問題はあったがアナンダが行なったのでした。

このアナンダも、遂にアラハンの境地になり、結集の一員に決定されていたのです。

指導者は、各地方にそれぞれが散り、ジャブ・ドーバーで会いましょうという合言葉を残して、道を説いて行ったのでした。

真の仏教とは――八正道の実践

こうして仏教は、その後中国に渡り、哲学化され、むずかしいものに変わってしまいました。

しかも僧侶は、他力本願の大乗仏教に這入り、他力本願一本やりになって、いつか心が失われて行ったというわけです。

本来、僧侶は死んだ人の供養が道ではなかったはずです。生きている人々の迷える心を救済することが使命であったはずです。

そしてそれには、自分自身の心と行ないから改めて、八正道の実践をすることが大切なのです。

いくら仏典を読んだところで、実践なくして悟れるものではないのです。経文も同じことです。

一般では、写経の功徳とか、経文読誦とか騒がれて実行している人々も多いようです。しかし、そんなことは、仏教の道ではない、と知るべきでしょう。

経文の意味を理解して、生活の中に生かさないものは、食堂のウィンドに飾ってあるロウ細工のようなものです。

実践のない仏教は、正道ではないといえましょう。宗派の分裂、同じ宗派の中で権力の座を争って反目しているような宗教は、邪宗という以外にはありません。仏教では、闘争も破壊も教えてはいないし、そのことを思ってもいけないのです。

化石化した宗教から脱皮すること。そうしないと、自らを地獄に堕としてしまうことを知るべきでしょう。

不調和な現象におそわれている宗教家は、今素直に自分の生活行為を反省しないと、災いが自分にくるということを悟るべきです。

家庭内で、いろいろな不調和な苦しみにおそわれている者達は、その原因を追及しない限り、その苦しみから脱皮はできないでしょう。

心の中に、片よった中道を逸した考えがあっても、その原因は苦しみという結果が出るということです。

信仰に疑問がある人々は、良くその疑問について追及し、妥協してはならないのです。その疑問が解けるまで、追及することが大事なのです。

ひとつ誤れば、宗教は阿片よりおそろしい結果を生むことになるでしょう。理由は、その意識まで腐らせてしまうからです。

自力の基準を良く知って生活をすれば、心の中に曇りは生じないし、ひっかかりもできないでしょう。

そうすれば、神の光は、私達の心と身体に満たされ、次元を越えた実在界から、必ず他力の援助が得られるのです。

自己保存や自我我欲の暗い心では、祈れば祈るほど苦しみの泥沼の中にひきこまれます。それは、地獄霊や動物霊に心の中を支配されてしまうからです。

他人を誹謗すれば、自分に帰ってくるのです。

つまりそのような集団は、内部から崩れて行くといえるでしょう。

調和は、内にも外にも必要な神理だからです。どのような不調和な原因も、不調和な結果になって輪廻してくる、ということを知ったならば、中道以外に調和はない、ということが悟れることでしょう。

般若心経を解説してみると、もっとも重要な、波羅蜜多、すなわち内在する偉大な智慧に到達するには、「どうしたら良いか」ということがわかりません。ここに、大きな問題があるでしょう。

仏教が、心の道であり、心の教えであるから、観自在菩薩の境地になるには、どのような道を悟れば到達できるか、全くはっきりしていないのではないでしょうか。

波羅蜜多を行ずれば解るが、その説明はありません。

お経はありがたいものだ、と思いすぎて、重大な問題が忘れられているから、むなしいものに思えるようになるのです。

学者や僧侶達のいっているように、心の問題を忘れ去ってしまっていれば、それはむなしいものになってしまうはずでしょう。

つまり、内在する偉大な智慧に到達する道は、八正道に在る、ということです。

この道を、自分自身で実践し、体験したときにそれは解明され、到達できる境地なのだ、ということができるでしょう。

このように、八正道は、片よりのない心の物差しなのです。

自己を中心に、社会は回っている、そう考える人は不幸な人です。

酸素（O）と水素（H）は、互いに燃焼、爆発しやすい性質を持っています。

もし、空気の中に、水素や酸素の量が多すぎたら、非常に危険で、生物は安心して住めないでしょう。しかし、それが、他の化合物とともに調和されているから、安定しているのです。

ところが最近は、人間の生活の智慧によって作り出された自動車の排気ガスを始めとして、石油コンビナートや他の工場からも媒煙が出、空気が汚染されています。

それが、光化学スモッグの原因となっています。

大自然、神の作り出している心の表現体は、生物の生存に調和を与えているのだが、人間の、欲望を満たそうとする不調和な知恵は、公害という不調和な環境を自ら作り出してしまっています。

つまり欲望のとりこになって、心を失ったとき、人類は自らの行為によって苦しみを作り出しているということです。

これはすべて、ひとりよがりの欲望が、不調和な混乱を作っているので、他人のことを少しでも考えれば、公害など未然に防ぐことができるでしょう。

自然破壊も、観光事業という名の、金儲け企業の一環によって作り出されている場合が多いといえましょう。

土地造成などその良い例といえます。

下手な開発や造成のため、洪水が起き、地すべりが起き、人災をひき起こしているのです。

たとえそれが人工的であっても、社会人類全般の幸福を考えて、一時しのぎではない、将来の見とおしを立てた、あらゆる条件を考えた計画が実行されたならば、決して、公害など生み出すことはないといえるでしょう。

利益のソロバン勘定が先になるから、問題が起こるのです。

つまり安定、が大切だということですが、酸素と水素が化合すると、最も安定したH_2Oという水になります。それは、燃焼物を消火する能力まで備えているではありませんか。

水がなかったならば、生物の生存も許されないでしょう。つまり、水は中道であり、中和されているものといえるでしょう。

さらにこの水も、塩基性の水、中性の水、酸性の水に分類され、軟水と柔水にも分かれています。また苛性《かせい》ソーダー NaOH、水酸化ナトリウムは、超塩基性の化合物です。

私達の日常生活の中で、それは石鹸などの材料になったり、紙を作るときに使用されています。酸性から見れば、反対側になる極端な化合物です。

塩酸 HCl は強酸性で、鉄のような硬い物でも酸化してしまう性質を持っています。

生きる目的

人間はこの世を楽園にする。与えられた仕事がある。楽しむために苦労を伴う。楽しむとは

ホホ，ハハッー

笑う生活である…｛肉体的・精神的・経済的

（ソウ病）
（魔王・動物霊憑依）

→自信過剰→増上慢↓人を見下す心…他人の言うことをきかない。
人を信じない…自己顕示欲にかわる。
自信過剰↓軽べつ…偉いんだ…虚栄心…うそつき

謙虚　自信

心

努力、勇気、智慧、希望、慈悲、愛、感謝
反省　中道
報恩、尊敬、人を許せる心、余裕ある心

（ウツ病）
（地獄霊憑依）

劣等感←卑屈←
卑屈↓他人をうらやむ心↓嫉妬に変わる。
ねたみ、そしり。
劣等感↓憎しみ……人を信じない。
自分を卑下して内向して行く。

反省のしかた

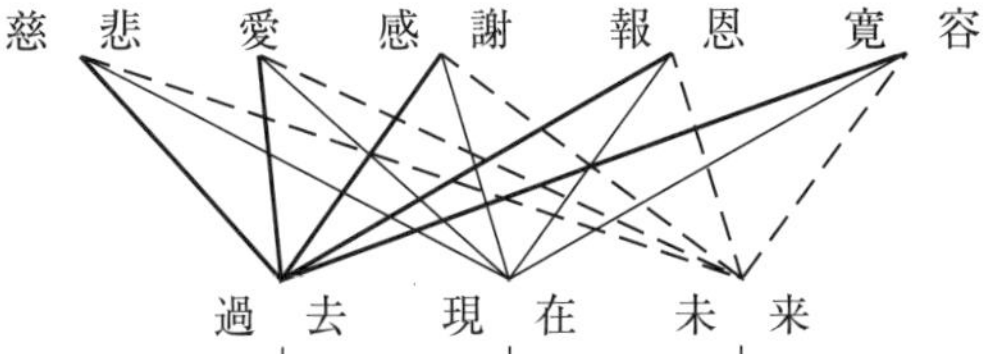

過去 → 子供 → 青年 → 中年 → 両親 → 学校友達 → 自分の周囲

現在 → 両親 → 兄弟 → 子供 → 友達 → 隣人 → 会社商店交際関係

未来 → 自信 → 勇気 → 努力しているか

◎欠点に気がつけばその修正をせねばならない。

◎凡夫だから仕方ないということは，自分を粗末にすることである。

◎悪い心を持てば必ず悪循環するから勇気を持って努力する。

◎先ず現在の自分にスポットをあてる。

◎勇気，努力，智慧が大事である。

◎やすらぎを得る。

中道の心の物差で反省をし，誤りがあったら守護霊に懺悔し二度と同じ過ちを犯さないことが大切。

塩素酸ガスや爆発物にもなるおそろしい化合物です。

この両極端が結びつくと、もっとも安定した塩化ナトリウムNaClと呼ばれる化合物になり、この化合物も私達の食生活にはなくてはならない塩なのです。

中道中和の片よりのない塩なのです。

縁起をかついで、お浄めのときに塩をまくことがあるでしょう。これは、調和ということがふくまれており、不浄なときにまく習慣です。むしろ精神的な問題があるのでしょう。

形だけの調和は、心底からの調和にはならないのです。

つまり塩は、調和へのシンボルだということです。調和とは、片よりのない心と行ないにも必要なことでしょう。片よりは、自己本位に考えたときや、他人の幸せを考えない行為をしたときに不調和を作り出してしまうものです。

このことは、思想についても、同じことがいえるでしょう。

資本主義もマルクス主義も、思想の根本となっているものは、すべて物質的な経済です。

どこに心があるでしょうか。

大調和な根本であるべき人の道に、上部層と下部層の人々が闘うことによって文明が発達して行くという、マルクス主義が、調和の道といえるでしょうか。思想的に相入れぬ両者、対立は当然のことでしょう。

人生は、文明のためにあるのでしょうか。物質文明の奴隷になるために生まれてきたのでしょうか。物質文明は、人間の心を忘れ去った生活の知恵が優先したとき、欲望を駆り立てる害毒にもひとしいものといえます。

人間のための物質文明であって、物質文明のための人間ではないはずです。消費を目的とする資本主義、団結によって階級闘争をくり返しているマルクス主義。しかしいずれにせよ、金力や武力や権力が、人間を支配することはできないといえましょう。

たとえ支配したとしても、それは生活行動の支配だけだ、といえます。足ることを忘れ去った大衆は、欲望の奴隷に成り下がっているから、その制度の下ではいつか爆発をし、そしてそれをくり返すことでしょう。

正しい共産主義というものは、批判や総括のない、独裁者のない、心ある者達による大衆の平等と信頼の中で築かれて行く、ユートピアでなくてはならないといえます。相互の理解と信頼の心の調和のないところに、ユートピアなどは完成されません。心を失った思想は、自ずから自滅への道を辿ることでしょう。

物質経済文明は、人間が生きるために、より良い社会生活が営めるために作り出されたもので、それが争いの種になるところに問題があるといえるのです。

人間は誰でもが神の子であり、人類はみな神の子だということを忘れ、何のために生まれ、どう使命を果たさなければならないのかということを、肉体舟に乗って人生航路に船出したときに忘れ去ってしまったのです。

そして、生まれた環境も、実は自分で選んで出てきたものだということを忘れ、経済的に貧しい環境に出てしまうと心まで貧しくなったり、逆に恵まれて生まれると貧しい者などを冷たい眼で見るようになり慈悲の心を失ってしまうのです。

生まれたときは、私達は裸なのです。

自分が恵まれていたら気の毒な人々に愛の手を差し伸べて幸せをともに喜ぶ同志になる、これが、まことの報恩の行為ではないでしょうか。

貧しく生まれたなら、一所懸命に働いて、自分の力で経済的に安定した環境を作れば良いのです。そして、足ることを知って、同じような貧しい人々に愛の手を差し伸べてやることが大切でしょう。

人は、この世を去るとき、すべての物を、持って帰ることはできないのです。人間の作り出した経済や不動産は、すべて自分の物ではありません。いつかは、返さなくてはならないものなのです。

自分のものは、自分の意識とその中心にある心の体験した一切の現象以外にないといえましょう。

万生万物は、ひとつとして人間のものはなく、神からひととき預かっているにすぎないものなのです。

その預かりものに執着を持って、苦しむことはおろか者のすることです。人生の目的は、物質文明の中で、いかに豊かな丸い調和された心を完成するか、ということです。それが、人生の修行目的だ、ということを悟るべきでしょう。

思想も、片よりのない人類の心から調和された一人一人の幸福を得られる道、それこそがユートピアへの近道ということができましょう。片よりは、自己保存、自我我欲への道であり、いつの日か自分のおろかな想念と行為を反省させられるときがくるであろう、と私は思います。それは、過去世をとおして学んだパニャー・パラー・ミター、すなわち仏智が眼覚めたときに――。

心を失って、両極端な思想が、物質経済が、絶対だと思ってしまった人々の社会は混乱し、人々はひとりよがりの小さな心を作り出してしまう、といえます。

そのとき、この地上界を去った執着心の塊りのようなきびしい地獄界に堕ちている先輩達は、同じような心を持って生活している人々の意識を支配して、ますます社会に混乱を招来するでしょう。

そしてその不調和な魂は、地上界に地獄を作り、心を失った人々の肉体を支配してノイローゼという現象を作ります。つまり人間は、自分の人格を失ってしまうのです。

寺院や墓に執着を持っている者達も同じことです。

この地上界は、人類の修行場であって、地獄霊の棲み家ではありません。それなのに、そのような悪霊が人間に憑依して間違った宗教を作り、ますます混乱を作り出しているのです。

というのは、この地球こそ、大宇宙、神の身体の小さな細胞であり、大神殿だからです。心こそ、神の子としての、偉大なおのれの天国の支配者だ、ということです。

神は、心の世界に存在しているのであって、人造的な形の中にあるものではないし、形によって現わすこともできないものなのです。

自力の正しい心と行ないによって、心の曇りが晴れれば、丁度太陽が万生万物に平等に慈愛の熱光をそそいでいるように、神の偉大な光明も、心の中に満たされるのです。

自力なくして、他力の力を得られないということを知るべきでしょう。

これが、般若心経の、真の心といえるでしょう。

正しい心の物差しで毎日の生活を正し、一秒一秒の努力の積み重ねによってパニャー・パラー・ミタ－になれる、ということです。

原説般若心経　内在された叡知の究明

昭和46年12月15日 第1版 第1刷発行

新装改訂版
平成28年9月6日 第2版 第1刷発行
令和5年10月24日 第2版 第2刷発行

著　者　高橋信次
発行者　田中圭樹
発行所　三宝出版株式会社
〒111-0034 東京都台東区雷門 2-3-10
TEL.03-5828-0600（代） FAX.03-5828-0607
https://www.sampoh.co.jp/
ISBN978－4－87928－106－7
印刷所　株式会社アクティブ

写　真　岩村秀郷
装　幀　今井宏明